Seeger/Kurz/Grummann/Roller/Imberg ·
Die Reform des Gemeinnützigkeitsrechts

Zusätzliche digitale Inhalte für Sie!

Zu diesem Buch stehen Ihnen kostenlos folgende digitale Inhalte zur Verfügung:

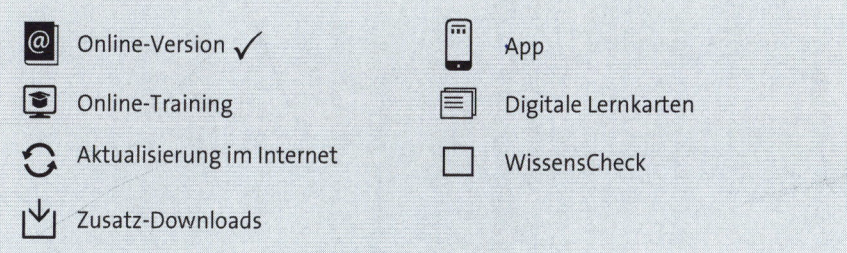

Schalten Sie sich das Buch inklusive Mehrwert direkt frei.

Scannen Sie den QR-Code **oder** rufen Sie die Seite www.nwb.de auf. Geben Sie den Freischaltcode ein und folgen Sie dem Anmeldedialog. Fertig!

Ihr Freischaltcode
SCNW-GKQP-SNIR-DWPN-UVTB-Z

Die Reform des Gemeinnützigkeitsrechts

JStG 2020: Ein Leitfaden für neue Lösungsansätze

Von
Andreas Seeger, Steuerberater,
Tilo Kurz, Steuerberater, Rechtsanwalt,
Stephan Grummann, Steuerberater,
Frank Roller, Steuerberater
und
Anna Imberg, LL.M., Steuerberaterin

ISBN 978-3-482-**68141**-7

1. Auflage 2021

© NWB Verlag GmbH & Co. KG, Herne 2021
www.nwb.de

Alle Rechte vorbehalten.

Dieses Buch und alle in ihm enthaltenen Beiträge und Abbildungen sind urheberrechtlich geschützt. Mit Ausnahme der gesetzlich zugelassenen Fälle ist eine Verwertung ohne Einwilligung des Verlages unzulässig.

Satz: Reemers Publishing Services GmbH, Krefeld
Druck: Stückle Druck und Verlag, Ettenheim

Vorwort

Eine Reform des Gemeinnützigkeitsrechts war schon länger angekündigt und wurde bereits 2019 im Rahmen des Gesetzgebungsverfahrens zum JStG 2019 diskutiert. Damals konnte der Bundestag den eingebrachten Vorschlägen der Länder noch nicht zustimmen. Umso überraschender war daher die überwiegende Zustimmung im Rahmen der parlamentarischen Beratungen zum JStG 2020. Die meisten der vom Bundesrat vorgeschlagenen Punkte wurden mit dem JStG 2020 umgesetzt und stellen die seit etlichen Jahren weitreichendste Reform im Gemeinnützigkeitsrecht dar.

Die Reform bringt zahlreiche Erleichterungen, neue Handlungsspielräume und mehr Rechtssicherheit für steuerbegünstigte Körperschaften mit sich. Herzstück der Reform ist ein neuer Denkansatz, wonach es für die gemeinnützigkeitsrechtliche Beurteilung von Kooperationen zwischen steuerbegünstigten Unternehmen auf eine Gesamtbetrachtung ankommt. Dieses Umdenken eröffnet gänzlich neue Möglichkeiten für die Ausgestaltung eines arbeitsteiligen Zusammenwirkens zwischen steuerbegünstigten Körperschaften: klassische steuerpflichtige wirtschaftliche Geschäftsbetriebe im Zusammenhang mit reinen „Vorleistungen" für eine steuerbegünstigte Tätigkeit werden wegfallen, verdeckte Gewinnausschüttungen verlieren an Bedeutung ebenso wie die Verrechnungspreisthematik bei Konzernstrukturen. Hinzu kommen eine erweiterte Möglichkeit der Mittelverwendung, die Bestätigung der Gemeinnützigkeit von reinen Holdingkörperschaften und die Umwidmung gewerblicher in steuerbegünstigte Körperschaften. Weitere Erleichterungen in diesem Bereich ergeben sich durch die Vereinfachung von Mittelweiterleitungen und die Schaffung eines darauf bezogenen Vertrauenstatbestands. Zudem wurden die gemeinnützigen Zwecke präzisiert und teilweise erweitert. Auch kleine Körperschaften profitieren von der Reform, etwa durch Erleichterungen beim Nachweis der zeitnahen Mittelverwendung oder hinsichtlich der neuen Bagatellgrenze für die Steuerpflicht der wirtschaftlichen Geschäftsbetriebe. Hinzu kommen wesentliche Neuregelungen im Bereich der Umsatzsteuer.

Die neuen Ansätze der Reform sind durchweg sehr zu begrüßen. Steuerbegünstigte Körperschaften sollten sich zeitnah mit den Änderungen und dem Fokus auf das eigene Unternehmen auseinandersetzen, da gestalterische Maßnahmen erforderlich sein werden. Aufgrund der recht dünnen Gesetzesbegründung und der bisherigen Zurückhaltung der Finanzverwaltung, sich zu Anwendungsfragen zu positionieren, ist die Umsetzung der Reform derzeit noch mit zahlreichen Unsicherheiten verbunden. Im Rahmen dieses Leitfadens möchten wir Ihnen die Reform des Gemeinnützigkeitsrechts praxisnah und übersichtlich darstellen. Der Leitfaden richtet sich an die Entscheiderebene von

Vorwort

steuerbegünstigten Körperschaften als auch deren steuerliche Berater, versteht sich aber zugleich auch als Impulsgeber in Richtung Finanzverwaltung, den Blick für Praxisfragen und aus Sicht der Beratung notwendige Verwaltungsregelungen zu schärfen.

Wir wünschen Ihnen eine spannende und anregende Lektüre.

Münster, im April 2021   A. Seeger, T. Kurz, S. Grummann, F. Roller, A. Imberg

INHALTSVERZEICHNIS

	Seite
Vorwort	V
Abkürzungsverzeichnis	XIII
Literaturverzeichnis	XVII

I.	EINFÜHRUNG	1
1.	Steuerbegünstigung von Holdingunternehmen	2
2.	Kooperationen	2
3.	Leistungsaustausch und Gewinnzuschläge	4
II.	ÄNDERUNG DES § 52 ABS. 2 AO	6
1.	Klimaschutz (§ 52 Abs. 2 Satz 1 Nr. 8 AO)	7
2.	Förderung der Hilfe für rassistisch Verfolgte (§ 52 Abs. 2 Satz 1 Nr. 10 AO)	8
3.	Förderung der Hilfe für Menschen, die aufgrund ihrer geschlechtlichen Identität oder ihrer geschlechtlichen Orientierung diskriminiert werden (§ 52 Abs. 2 Satz 1 Nr. 10 AO)	9
4.	Förderung der Heimatpflege, Heimatkunde und Ortsverschönerung (§ 52 Abs. 2 Satz 1 Nr. 22 AO)	10
5.	Förderung des Freifunks (§ 52 Abs. 2 Satz 1 Nr. 23 AO)	11
6.	Förderung der Friedhofskultur (§ 52 Abs. 2 Satz 1 Nr. 26 AO)	13
III.	ÄNDERUNG DES § 55 ABS. 1 NR. 5 AO	14

	Seite
IV. § 57 ABS. 1 AO – DER UNMITTELBARKEITSGRUNDSATZ	17
1. Einführung	17
2. Bisherige Problematik	18
a) Verdeckte Gewinnausschüttungen	23
b) Betriebsaufspaltung	23
c) Hilfsperson	26
d) Holdingstrukturen	27
3. Zwischenfazit	28
V. § 57 ABS. 3 AO – UNMITTELBARKEIT VON KOOPERATIONEN	28
1. Grundgedanke – gemeinnützigkeitsrechtliche Organschaft?	29
2. Anwendungsbereich des § 57 Abs. 3 AO	30
a) Begriff des planmäßigen Zusammenwirkens	31
b) Gesellschaftsrechtliche Strukturen	32
c) Funktionsleistungen	33
d) Bedeutung für die Hilfspersonenregelung	34
3. Satzungsvoraussetzungen	35
a) Satzungszwecke	37
b) Zeitliche Wirkung der Satzungsanpassung	40
4. Folgen für die Praxis	41
a) Konsequenzen für bereits gemeinnützige Körperschaften	42
aa) Neubewertung des steuerpflichtigen wirtschaftlichen Geschäftsbetriebs	42
bb) Neubewertung der Vermögensverwaltung	44
b) Mittelverwendung	45
c) Überführung von gewerblichen Gesellschaften in die Gemeinnützigkeit	47
aa) Behandlung von Verlustvorträgen	50
bb) Wechsel in die Steuerbefreiung	51
d) Verrechnungspreise im Konzernverbund	52
e) Beispiel Betriebsaufspaltung	54
f) Außen-GbR	55

	Seite
5. Handlungsoptionen für die öffentliche Hand	57
6. Fazit zu § 57 Abs. 3 AO	58

VI. § 57 ABS. 4 AO – KONZERNSTRUKTUREN 59

1. Grundgedanke und Anwendungsbereich 59
2. Auswirkung auf die Sphärenzuordnung 61
3. Fazit zu § 57 Abs. 4 AO 64

VII. § 58 NR. 1 UND § 58A AO 65

1. Einleitung zu § 58 Nr. 1, § 58a AO 65
2. Förderklausel gem. § 58 Nr. 1 AO a. F. 65
3. Mittelzuwendungen gem. § 58 Nr. 2 AO a. F. 67
4. Mittelzuwendung nach § 58 Nr. 1 AO n. F. 68
   a) Mittelzuwendung für steuerbegünstigte Zwecke 69
   b) Mittelempfänger 71
      aa) Mittelzuwendung an unbeschränkt steuerpflichtige Körperschaften 71
      bb) Mittelzuwendung an beschränkt steuerpflichtige Körperschaften 71
      cc) Mittelzuwendung an ausländische Körperschaften 72
   c) Steuerbegünstigte Zweckidentität 73
   d) Mitteltransfer bei Mittelzuwendungen 74
   e) Satzungserfordernisse 75
   f) Abgrenzung zu § 57 Abs. 3 AO n. F. 76
5. Fazit zu § 58 Nr. 1 AO n. F. 78
6. Vertrauensschutztatbestand nach § 58a AO n. F. 78
   a) Einführung 79
   b) Gesetzliche Anforderungen des § 58a AO n. F. 80
      aa) Voraussetzungen nach § 58a Abs. 2 AO 81
      bb) Rückausnahmen nach § 58a Abs. 3 AO 81
      cc) Vertrauensschutz bei Mittelzuwendungen an KdöR 83
7. Fazit zu § 58a AO n. F. 83

	Seite
VIII. FESTSTELLUNG DER SATZUNGSMÄßIGEN VORAUSSETZUNGEN GEM. § 60A AO N. F.	84
1. Einführung	84
2. Gesetzliche Anforderungen des § 60a Abs. 6 AO n. F.	85
a) Sinn und Zweck der Vorschrift	85
b) Tatbestandsvoraussetzungen des § 60a Abs. 6 AO n. F.	86
3. Fazit zu § 60a Abs. 6 AO n. F.	87
IX. ÄNDERUNG DES § 64 ABS. 3 AO	88
X. ERWEITERUNG DES ZWECKBETRIEBSKATALOGS IN § 68 AO	89
1. Flüchtlingshilfe (§ 68 Nr. 1 Buchst. c AO)	89
2. Fürsorge bei psychischen und seelischen Erkrankungen (§ 68 Nr. 4 AO)	92
XI. UMSATZSTEUER	93
1. Steuerbefreiungen (§ 4 UStG)	93
a) Leistungen im Gesundheitswesen (§ 4 Nr. 14 Buchst. f UStG)	93
b) Betreuungs- und Pflegeleistungen (§ 4 Nr. 16 UStG)	94
c) Verpflegungsdienstleistungen in Kindertageseinrichtungen (§ 4 Nr. 23 Buchst. c UStG)	95
2. Steuerbegünstigte Kooperationen (§ 57 Abs. 3 AO)	96
a) Umsatzsteuerliche Organschaft (§ 2 Abs. 2 Nr. 2 UStG)	97
b) Steuerbefreiung nach § 4 Nr. 29 UStG	98
c) Ermäßigter Steuersatz (§ 12 Abs. 2 Nr. 8 Buchst. a UStG)	100
XII. AUSSTIEGSBESTEUERUNG	103
1. Ausstiegsbesteuerung nach § 61 Abs. 3 AO	104
2. Reformansatz der „Ausstiegsabgabe"	105

	Seite
XIII. WEITERE ÄNDERUNGEN	107
1. Übungsleiterfreibetrag und Ehrenamtspauschale	107
2. Vereinfachter Zuwendungsnachweis	107
3. Zuwendungsempfängerregister	107
XIV. FAZIT UND AUSBLICK	109
Stichwortverzeichnis	115

ABKÜRZUNGSVERZEICHNIS

A

Abs.	Absatz
a. F.	alte Fassung
AO	Abgabenordnung
AEAO	Anwendungserlass zur Abgabenordnung
AZ	Aktenzeichen

B

BB	Betriebsberater (Zeitschrift)
Beil.	Beilage
BFH	Bundesfinanzhof
BFH/NV	Sammlung amtlich nicht veröffentlichter Entscheidungen des Bundesfinanzhofs (Zeitschrift)
BGB	Bürgerliches Gesetzbuch
BGBl	Bundesgesetzblatt
BMF	Bundesministerium der Finanzen
BMG	Bundesministerium für Gesundheit
BR-Drucks.	Drucksachen des Bundesrates
bspw.	beispielsweise
BStBl	Bundessteuerblatt
BT-Drucks.	Drucksache des Deutschen Bundestages
BVerfG	Bundesverfassungsgericht
BZSt	Bundeszentralamt für Steuern
bzw.	beziehungsweise

D

DB	Der Betrieb (Zeitschrift)
dgl.	dergleichen
DStR	Deutsches Steuerrecht (Zeitschrift)
DStZ	Deutsche Steuerzeitung (Zeitschrift)

E

EFG	Entscheidungen der Finanzgerichte (Zeitschrift)
EStDV	Einkommensteuer-Durchführungsverordnung
EStH	Amtliches Einkommensteuer-Handbuch
EStR	Einkommensteuer-Richtlinien

VERZEICHNIS Abkürzungen

EuGH	Europäischer Gerichtshof
e. V.	eingetragener Verein

F

f.	folgende
ff.	fortfolgende
FG	Finanzgericht
FGO	Finanzgerichtsordnung
FR	Finanz-Rundschau (Zeitschrift)
FVG	Finanzverwaltungsgesetz

G

GbR	Gesellschaft bürgerlichen Rechts
gem.	gemäß
GewStG	Gewerbesteuergesetz
GG	Grundgesetz
ggf.	gegebenenfalls
gGmbH	gemeinnützige Gesellschaft mit beschränkter Haftung
GmbHR	GmbH-Rundschau
grds.	grundsätzlich
GrStG	Grundsteuergesetz

H

H	Hinweis
HFR	Höchstrichterliche Finanzrechtsprechung (Zeitschrift)

I

i. d. F.	in der Fassung
i. d. R.	in der Regel
i. H. v.	in Höhe von
i. S.	im Sinne
i. V. m.	in Verbindung mit
i. w. S.	im weiteren Sinne

J

JStG	Jahressteuergesetz

K

KStG	Körperschaftsteuergesetz
KStR	Körperschaftsteuer-Richtlinien

M

m. E.	meines Erachtens
Mill.	Milliarden
Mio.	Millionen
MoMiG	Gesetz zur Modernisierung des GmbH-Rechts
MVZ	Medizinisches Versorgungszentrum
m. w. N.	mit weiteren Nachweisen
MwStSystRL	Mehrwertsteuersystemrichtlinie

N

NPO	Non Profit Organisation
npoR	Zeitschrift für das Recht der Non Profit Organisationen
NWB	Neue Wirtschafts-Briefe (Zeitschrift)
NJW	Neue Juristische Wochenschrift (Zeitschrift)

O

o. a.	oben angegeben
o. Ä.	oder Ähnliche(s)
OFD	Oberfinanzdirektion
OFH	Oberster Finanzgerichtshof
o. g.	oben genannt

R

R	Richtlinie
Rev.	Revision
rd.	rund
RFH	Reichsfinanzhof
Rs.	Rechtsprechung
RStBl	Reichssteuerblatt
Rz.	Randziffer

S

s.	siehe
SGB	Sozialgesetzbuch
s. o.	siehe oben
sog.	so genannte
StEd	Steuer-Eildienst
StEntlG	Steuerentlastungsgesetz
SteuK	Steuerrecht kurzgefaßt (Zeitschrift)
StGB	Strafgesetzbuch
stpfl.	steuerpflichtige

T
Tz.	Textziffer

U
u. a.	unter anderem
u. Ä.	und Ähnliche(s)
u. E.	unseres Erachtens
UStAE	Umsatzsteuer-Anwendungserlass
UStG	Umsatzsteuergesetz
usw.	und so weiter
u. U.	unter Umständen
UWG	Gesetz gegen den unlauteren Wettbewerb

V
v.	vom
Vfg.	Verfügung
vgl.	vergleiche
v. T.	vom Tausend
VZ	Veranlagungszeitraum

W
WfbM	Werkstatt für behinderte Menschen
wiGB	wirtschaftlicher Geschäftsbetrieb

Z
zz.	zurzeit

LITERATURVERZEICHNIS

Bücher:

Buchna/Leichinger/Seeger/Brox, Gemeinnützigkeit im Steuerrecht, 11. Auflage 2015

Koenig, AO, 3. Auflage 2014

Schauhoff, Handbuch der Gemeinnützigkeit, 3. Auflage 2010

Weber, Die gemeinnützige Aktiengesellschaft, Bucerius Law School, 1. Auflage 2014

Winheller/Geibel/Jachmann-Michel, Gesamtes Gemeinnützigkeitsrecht, 2. Auflage 2020

Aufsätze:

B

Becker/Volkmann/Sokollari, JStG 2020 und Gemeinnützigkeit, DStZ 2021 S. 185

D

Dudenredaktion, o.J., „planmäßig" auf Duden online, https://www.duden.de/synonyme/planmaeszig

Dudenredaktion, o.J., „Heimatkunde" auf Duden online, https://www.duden.de/rechtschreibung/Heimatkunde

Dudenredaktion, o.J., Heimatpflege" auf Duden online, https://www.duden.de/rechtschreibung/Heimatpflege

E

Exner, Aktuelles zum Gemeinnützigkeitsrecht aus Sicht der Finanzverwaltung, npoR 2021 S. 63

H

Helm/Bischoff, Einstieg in die steuerrechtliche Gemeinnützigkeit: Inwieweit kann eine Aufdeckung stiller Reserven vermieden werden? Zum Systemverhältnis zwischen § 13 KStG und § 6b EStG, npoR 2021 S. 89

Holland, Kooperationen zwischen gemeinnützigen Organisationen – Neues zur Hilfsperson, DStR 2010 S. 2057

Hüttemann, Empfiehlt es sich, die rechtlichen Rahmenbedingungen für Gründung und Tätigkeit von Non-Profit-Organisationen übergreifend zu regeln?, NJW-Beil. 2018 S. 55

Hüttemann, Änderungen des Gemeinnützigkeits- und Spendenrechts durch das Jahressteuergesetz 2020, DB 2021 S. 72

J

Jäschke, Die ertragsteuerliche Behandlung von Servicegesellschaften im gemeinnützigen Unternehmensverbund, DStR 2019 S. 2668

K

Kahsnitz, Der Betrieb gewerblicher Art als Steuerrechtssubjekt sui generis, DStR 2019 S. 1017

Kirchhain, Im zweiten Anlauf durch die Hintertür: Umfassende Änderungen für gemeinnützige Organisationen und deren Förderer durch das JStG 2020, DStR 2021 S. 129

Kraus/Mehren, Gesellschaftsbeteiligungen bei gemeinnützigen Körperschaften – wirtschaftlicher Geschäftsbetrieb oder Vermögensverwaltung?, DStR 2020 S. 1593

S

Salzberger/Schröder, Gemeinnützigkeitssteuerrecht: Übertragung eines wirtschaftlichen Geschäftsbetriebes oder Auslagerung von Hilfsfunktionen auf eine Tochter-GmbH, DStR 2015 S. 1602

Scherff, Gemeinnützigkeitsrechtliche Aspekte in Holding-Strukturen, DStR 2003 S. 727

Schröder/Salzberger, Gemeinnützigkeitssteuerrecht – Die steuerbegünstigte und steuerpflichtige Hilfspersonen-GmbH, SteuK 2015 S. 369

Seeger/Brox/Leichinger, Abgrenzung eines Erwerbsstrebens in der Wohlfahrtspflege, DStR 2018 S. 2002

Seeger/Milde, Leistungsaustausch und Gewinnzuschläge bei Non-Profit-Unternehmen nach dem AEAO 2016, DStR 2016 S. 2736

W

Weitemeyer, Fallstricke der gGmbH, GmbHR 2021 S. 57

I. Einführung

Nachdem seit den letzten großen Reformen des Gemeinnützigkeitsrechts in 2007 und zuletzt in 2013 mit dem sog. „Ehrenamtsstärkungsgesetz" einige Jahre vergangen sind, hat der Gesetzgeber offenbar doch die Notwendigkeit gesehen, für die insbesondere in der Gesundheits- und Sozialwirtschaft häufig anzutreffenden Kooperationen im Jahr 2020 noch eine grundlegende Reform der abgabenrechtlichen Vorschriften zu beschließen. Mit dem Jahressteuergesetz 2020, das am 18.12.2020 vom Bundesrat verabschiedet wurde und am 28.12.2020 im Bundesgesetzblatt verkündet wurde, ist dem Gesetzgeber aus Sicht der Autoren eine sehr weit reichende Reform des Gemeinnützigkeitsrechts gelungen. Diese dürfte nach dem derzeitigen Verständnis den strategischen Gestaltungsrahmen von Kooperationen gemeinnütziger Unternehmen in der laufenden Dekade erheblich begünstigen.

Vorausgegangen ist dieser Reform des Gemeinnützigkeitsrechts dem Vernehmen nach die mehrjährige Tätigkeit verschiedener sog. Bund-Länder-Arbeitsgruppen „Umstrukturierungen" und „Verbesserungen Gemeinnützigkeitsrecht".[1] Wenngleich aus Ergebnissen dieser Arbeitsgruppe kaum etwas an die Öffentlichkeit gedrungen ist, steht zu vermuten, dass die Vorschläge der Arbeitsgruppen den Reformrahmen des Gemeinnützigkeitsrechts ganz wesentlich bestimmt haben.

Aus Sicht der Autoren haben in den vergangenen Jahren diverse Publikationen und Fachbeiträge auf bestehende Unzulänglichkeiten des Kooperationsrechts für steuerbegünstigte Unternehmen hingewiesen, beispielhaft sind hier die Dissertation von Dr. Martin Schunk, „Kooperationen zwischen gemeinnützigen Körperschaften und das Unmittelbarkeitsgebot nach § 57 AO"[2] sowie der Beitrag von Prof. Dr. Dirk Jäschke,[3] „Die ertragsteuerliche Behandlung von Servicegesellschaften im gemeinnützigen Unternehmensverbund",[4] zu nennen.

Die nachfolgenden Abschnitte beleuchten vor dem Hintergrund der bisherigen bis zum 28.12.2020 geltenden Gesetzesregelungen offene Fragestellungen und mögliche Reformvorschläge.

---

1 EUROFORUM Jahrestagung 2020, Die NPO 2020, Markus Exner, Hessisches Finanzministerium.
2 Schriftenreihe des Instituts für Stiftungsrecht und das Recht der Non-Profit-Organisationen, Band II/16, Verlag Bucerius Law School, 1. Auflage 2014.
3 Prof. Dr. Dirk Jäschke ist Referatsleiter im Sächsischen Staatsministerium der Finanzen.
4 Vgl. Jäschke, Die ertragsteuerliche Behandlung von Servicegesellschaften im gemeinnützigen Unternehmensverbund, DStR 2019 S. 2668.

1. Steuerbegünstigung von Holdingunternehmen

Holdingstrukturen sind heute im Non-Profit-Sektor regelmäßig anzutreffen. Traf man früher auf Komplexträger, wie mannigfache Zwecke verfolgende Vereine und operativ tätige Stiftungen, sind heute vielfach durch Ausgliederungsprozesse entstandene Konzernstrukturen vorzufinden. Charakteristisch sind dabei umfangreiche entgeltliche Verwaltungsleistungen der Holding für ihre steuerbegünstigten Verbundunternehmen wie zum Beispiel Geschäftsführung, Rechnungs- sowie Personalwesen. Daneben werden regelmäßig Immobilien an die operativ tätigen Konzerngesellschaften verpachtet, die diese für ihre steuerbegünstigten Zwecke nutzen. Im Verbund sind häufig auch gewerbliche Dienstleistungsgesellschaften anzutreffen, die zentrale Dienstleistungen wie Catering oder Wäschereinigung anbieten.

Die Finanzverwaltung differenzierte auf Ebene der Holding in der Vergangenheit nicht, ob der Leistungsempfänger eine steuerbegünstigte Körperschaft oder ein gewerbliches Unternehmen ist. Derartige Leistungen wurden im Wege einer formalen Betrachtung bei der Holding immer der Sphäre des steuerpflichtigen wirtschaftlichen Geschäftsbetriebs (wiGB) oder der Vermögensverwaltung zugeordnet, unabhängig davon, ob diese Leistungen auf Ebene der empfangenen Gesellschaft für steuerbegünstigte Zwecke eingesetzt wurden.

Daraus folgt, dass für derartige Leistungen genutzte Wirtschaftsgüter oder überlassene Immobilien generell durch sog. freie Mittel wie zum Beispiel die freien Rücklagen nach § 62 AO zu finanzieren sind. Im „worst case" kann dieses bedeuten, dass bei einer anstehenden Investitionsentscheidung, die betriebswirtschaftlich sinnvoll durch Eigenmittel finanziert würde, stattdessen eine Finanzierung durch die Aufnahme von Fremddarlehen erfolgen muss, um nicht in einen Konflikt mit dem Mittelverwendungsgebot zu geraten.

Diese Einschränkung erscheint vor dem Hintergrund der bestehenden Konzernstrukturen im Dritten Sektor nicht mehr sachgerecht. Zielführend wäre vielmehr eine Zuordnung der Leistungen zum steuerbegünstigten Zweckbetrieb oder eine Erweiterung der Vorgaben zum Gebot der Unmittelbarkeit.

2. Kooperationen

Kooperationen ermöglichen es i. d. R., eine Vielzahl von Vorhaben effektiver und effizienter umzusetzen. Ressourcen sowie besonderes Know-how sind gerade im Non-Profit-Sektor häufig nur begrenzt verfügbar und können im Rahmen arbeitsteiligen Zusammenwirkens wirtschaftlich sinnvoller eingesetzt werden. Die betriebswirtschaftlich angestrebte Win-win-Situation wird allerdings durch die restriktiven Leitplanken des Gesellschafts-, Arbeits- und Steuerrechts eingeengt und kann bei einer unzureichend geplanten Gestaltung schnell durch unerwartete Steuerbelastungen in Frage gestellt werden.

2. Kooperationen

In der Praxis stößt man häufig auf Vereinbarungen, die zwar als „Kooperationsvertrag" bezeichnet werden, sich bei genauerer Prüfung aber als bloße Arbeitnehmerüberlassung darstellen. Neben arbeitsrechtlichen Hürden begründeten derartige Personalgestellungen in der Vergangenheit regelmäßig einen steuerpflichtigen wirtschaftlichen Geschäftsbetrieb, der mit seinen Überschüssen, ggf. von der Finanzverwaltung im Wege einer Schätzung ermittelten fiktiven Gewinnen, der Ertragsbesteuerung (rd. 30 %) unterlag.

Seit 2016 hat die Finanzverwaltung durch eine Änderung ihrer Richtlinien hier Verbesserungen geschaffen, indem bei Personalgestellungen zukünftig zu differenzieren ist. Wird Pflegepersonal gestellt, gilt dies zukünftig als steuerbegünstigter Zweckbetrieb der Wohlfahrtspflege, wenn das überlassene Personal tatsächlich Pflegeleistungen erbringt. Hingegen bleibt es bei der Zuordnung als wirtschaftlicher Geschäftsbetrieb, wenn das bereitgestellte Personal ausschließlich Verwaltungsleistungen erbringt. Problemfälle waren vorgezeichnet, wo Pflegepersonal teilweise auch administrative Leistungen übernimmt. Die Betrachtung dieser Regelung macht deutlich, dass Gesetzesänderungen und Verwaltungsreformen nur dann zielführend sind, wenn sie inhaltlich den Bedürfnissen der Praxis steuerbegünstigter Unternehmen vollumfänglich entsprechen.

Besondere steuerliche Fragestellungen entstehen, wenn gemeinnützige Kooperationspartner für die Nutzung von Personal, Sach- oder Barmitteln statt schuldrechtlicher gesellschaftsrechtliche Vereinbarungen treffen. Mit diesem Vertragstypus wird eine Gesellschaft bürgerlichen Rechts (GbR) begründet, die als Personengesellschaft in Deutschland nicht steuerbegünstigt sein kann. Ertragsteuerlich wird die Tätigkeit der GbR ihren Gesellschaftern zugerechnet und auf deren Ebene gewürdigt. Die Beteiligung an bzw. das Ergebnis einer GbR kann der Vermögensverwaltung, dem steuerpflichtigen wiGb aber auch dem steuerbegünstigten Zweckbetrieb eines gemeinnützigen Gesellschafters zugerechnet werden. Die Zuordnung zum Zweckbetrieb hängt maßgeblich davon ab, ob die Tätigkeit der GbR der Verwirklichung der Satzungszwecke des Gesellschafters dient. Scheitert es daran und werden dem Gesellschafter Verluste zugerechnet, besteht sogar ein Risiko für die Gemeinnützigkeit. Gesellschaftsrechtliche Kooperationen bergen für gemeinnützige Unternehmen regelmäßig große Gefahrenpotenziale und sind daher mit hoher Sorgfalt zu planen.

Arbeiten mehrere Körperschaften arbeitsteilig im Rahmen eines Über- und Unterordnungsverhältnisses zusammen, stellte sich lange Zeit die Frage, wem die Tätigkeit zugerechnet werden konnte, um daraus die Verwirklichung steuerbegünstigter Zwecke abzuleiten. Die Finanzverwaltung vertrat lange Zeit die Auffassung, dass nur einer der Akteure seine Steuerbegünstigung aus der gemeinsamen Tätigkeit ableiten könne. Mittlerweile hat sie sich der anderslautenden Auffassung des BFH angeschlossen und klargestellt, dass unter bestimmten Voraussetzungen auch für sog. Hilfspersonen, die in die Leistungserbringung eingebunden werden, die Steuerbegünstigung gewährt wird, wenn diese durch die Tätigkeit zugleich ihre eigenen satzungsmäßigen Zwecke verfolgen.

3. Leistungsaustausch und Gewinnzuschläge

Haben Komplexträger in der Vergangenheit ihre operativen Bereiche auf Tochtergesellschaften ausgegliedert, folgt daraus häufig ein Interesse, administrative Dienstleistungen untereinander auszutauschen. Derartige Leistungsbeziehungen gerieten in der vergangenen Dekade zunehmend in den Fokus steuerlicher Außenprüfungen. Dabei ging es i. d. R. um die Frage einer „angemessenen" Vergütung der Leistungen, insbesondere wenn die vertraglichen Vereinbarungen eine Berechnung von (Dienst-)Leistungen auf Basis der sog. Selbstkosten vorsahen.

Zur Frage der Preisfindung bei Leistungen steuerbegünstigter Unternehmen hat die Finanzverwaltung in den Jahren 2016 und 2019 folgende Regelungen geschaffen:

„Bei steuerbegünstigten Einrichtungen ist aufgrund der fehlenden Gewinnorientierung die Erhebung eines Gewinnaufschlags in der Regel nicht marktüblich (2016). Dies gilt nicht für Leistungen der steuerbegünstigten Einrichtung aus einem steuerpflichtigen wirtschaftlichen Geschäftsbetrieb (2019)."

Diese im Ansatz grundsätzlich zu begrüßende Ausnahmeregelung, die 2019 auf steuerbegünstigte Leistungen beschränkt wurde, schaffte in der Folgezeit im Rahmen steuerlicher Außenprüfungen nach unserem Eindruck erhebliches Konfliktpotenzial und verfehlte indes das angestrebte Ziel einer möglichen Vereinfachung der Besteuerung.

Wurden derartige administrative Leistungen wie Verwaltungsleistungen oder Personalgestellungsleistungen im Verbund steuerbegünstigter Unternehmen zu Selbstkosten abgerechnet, vermuteten Betriebsprüfer i. d. R., dass der abgerechnete Preis allein unter Rücksichtnahme auf das gesellschaftliche Näheverhältnis die Selbstkosten umfasste und für eine am freien Markt angebotene vergleichbare Leistung ein höheres Entgelt erzielt worden wäre. Der Verzicht auf die Berechnung eines mutmaßlich (höheren) marktüblichen Preises wurde von der Finanzverwaltung unter Anwendung der Grundsätze zur sog. verdeckten Gewinnausschüttung dadurch geahndet, dass auf derart „verbilligt" abgerechnete Kosten ein pauschaler Gewinnzuschlag erhoben wurde mit der Folge, dass sog. Scheingewinne der Ertragsbesteuerung unterworfen wurden.

Besonders kritisch ist in diesem Kontext zu bewerten, dass die Finanzverwaltung in der Vergangenheit keinen Nachweis zuließ, ob die abgerechneten Selbstkosten innerhalb einer Bandbreite marktüblicher Preise verortet werden können (Preisvergleichsmethode), sondern für die Herleitung eines „marktüblichen" Leistungsentgelts ausschließlich auf die sog. Kostenaufschlagsmethode abstellte.

3. Leistungsaustausch und Gewinnzuschläge

Die Kostenaufschlagsmethode als einzig zulässige Methode der Preisfindung zu berücksichtigen ist nach unserem Dafürhalten kritisch zu hinterfragen. Hierbei wird außer Acht gelassen, dass eine Abrechnung von Selbstkosten bei gegebener, höherer Kostenstruktur einer steuerbegünstigten Einrichtung bereits die Bandbreite der für einen Vergleich heranzuziehenden marktüblichen Preise gewerblicher Anbieter erreicht haben kann und daher ein Gewinnzuschlag nicht mehr gerechtfertigt ist.

Das Finanzministerium NRW hat zu diesen Auslegungsfragen Anfang 2017[1] eine aus unserer Sicht begrüßenswerte Regelung erlassen, die steuerbegünstigten Unternehmen eine Nachweisführung gestattet, ob die von ihnen abgerechneten Selbstkosten einem marktüblichen Preis entsprechen und dass dieser Nachweis seitens der Finanzbehörden zu akzeptieren ist.

Dem Vernehmen nach wurde diese Auffassung nicht in allen Bundesländern geteilt. Das Beispiel macht deutlich, dass Erlassregelungen zur steuerlichen Behandlung von Leistungen steuerbegünstigter Unternehmen nur dann die für alle Parteien verbindliche und länderübergreifende Rechtssicherheit schaffen, wenn sie an die Bundesfinanzverwaltung adressiert werden, von dort klar und eindeutig formuliert werden und bei der Abbildung möglicher Fallgestaltungen einen hohen Realitätsbezug aufweisen.

Mit der vorliegenden Reform zum Gemeinnützigkeitsrecht hat der Gesetzgeber aus Sicht der Autoren in bemerkenswert schlichten Gesetzesregelungen zahlreiche der zuvor geschilderten Problemfelder, die bei der Besteuerung von steuerbegünstigten Unternehmen in der Vergangenheit eine Rolle spielten, gelöst. Mit der Reform des Gemeinnützigkeitsrechts ist aus unserer Sicht eine Zäsur in der Besteuerung von Non Profit Organisationen (NPO) zu erkennen, deren Auswirkungen und Möglichkeiten, aber auch rechtliche Fragestellungen Unternehmen und deren Berater in den nächsten Jahren in hohem Maße beschäftigen werden.

Damit die Erweiterung des gesetzlichen Handlungsrahmens und daraus abzuleitende Gestaltungsmodelle für Kooperationen steuerbegünstigter Unternehmen in ihren vielfältigen Fragestellungen die gebotene Klarstellung erhalten, ist es aus unserer Sicht notwendig, dass das Bundesfinanzministerium möglichst zeitnah praktikable Anwendungsregelungen schafft, die sowohl die gemeinnützigkeitsrechtliche wie auch die umsatzsteuerrechtliche Perspektive beinhalten. Die in der Vergangenheit im beiderseitigen Interesse genutzte Möglichkeit, Richtlinienentwürfe bzw. BMF-Schreiben vor Verabschiedung der interessierten Öffentlichkeit zum Diskurs vorzustellen, dürfte aus unserer Sicht auch hier zielführend sein.

---

1 OFD Nordrhein-Westfalen, Verf. v. 18.1.2017 - S 0174-2016/0006-St 15, NWB QAAAG-37586, Verfügung betr. Dienstleistungen zwischen steuerbegünstigten Konzerngesellschaften.

Nachfolgend werden zunächst die abgabenrechtlichen Gesetzesänderungen in nummerischer Reihenfolge dargestellt und unter Berücksichtigung der Gesetzesbegründungen und ausgewählten Beiträgen der Fachliteratur (Redaktionsschluss: 12.4.2021) kommentiert. In Bezug auf die gesetzlichen Neuregelungen geben die Autoren einen Ausblick auf den aus ihrer Sicht möglichen Interpretationsrahmen, zugleich sollen die Überlegungen dazu anregen, aus Sicht von Praktikern die für eine aktuell noch ausstehende Verwaltungsregelung offene Fragestellungen aufzuzeigen.

II. Änderung des § 52 Abs. 2 AO

In den Katalog der gemeinnützigen Zwecke werden mit dem Jahressteuergesetz 2020 folgende Zwecke neu aufgenommen bzw. geändert:

1. § 52 Abs. 2 Nr. 8 AO: nach dem Wort „Umweltschutzes" werden die Wörter „einschließlich des Klimaschutzes" eingefügt
2. § 52 Abs. 2 Nr. 10 AO: das Wort „rassisch" wird durch „rassistisch" ersetzt
3. § 52 Abs. 2 Nr. 10 AO: Förderung der Hilfe für Menschen, die aufgrund ihrer geschlechtlichen Identität oder ihrer geschlechtlichen Orientierung diskriminiert werden
4. § 52 Abs. 2 Nr. 22 AO: Förderung der Ortsverschönerung
5. § 52 Abs. 2 Nr. 23 AO: Förderung des Freifunks
6. § 52 Abs. 2 Nr. 26 AO: Förderung der Unterhaltung und Pflege von Friedhöfen und die Förderung der Unterhaltung von Gedenkstätten für nicht bestattungspflichtige Kinder und Föten

Die Gewährung der Steuervergünstigung setzt die Verfolgung steuerbegünstigter – gemeinnütziger, mildtätiger oder kirchlicher – Zwecke voraus. Eine Körperschaft verfolgt nach § 52 Abs. 1 Satz 1 AO gemeinnützige Zwecke, wenn ihre Tätigkeit darauf gerichtet ist, die Allgemeinheit auf materiellem, geistigem oder sittlichem Gebiet selbstlos zu fördern.

Die Förderung der Allgemeinheit wird in § 52 Abs. 1 Sätze 2 und 3 AO erläutert. Nach Ansicht des BFH decken materielle Werte den Bereich des wirtschaftlichen Lebensstandards ab, während mit Geistigem und Sittlichem der ideelle Bereich, der Bereich der Vernunft und des Schöngeistigen angesprochen wird.[1]

Nach § 60 Abs. 1 AO müssen die Satzungszwecke und die Art ihrer Verwirklichung so genau bestimmt sein, dass aufgrund der Satzung geprüft werden kann, ob die sat-

---

[1] BFH, Urteil v. 23.11.1988 - I R 11/88, BStBl 1989 II S. 391.

zungsmäßigen Voraussetzungen für Steuervergünstigungen gegeben sind. Die Satzung muss so präzise gefasst sein, dass aus ihr unmittelbar entnommen werden kann, ob die Voraussetzungen der Steuerbegünstigung vorliegen (formelle Satzungsmäßigkeit).[1]

Welche Tätigkeit als Förderung der Allgemeinheit anzuerkennen ist, bestimmt sich nach dem Zweckkatalog des § 52 Abs. 2 Satz 1 AO.

Bis zum 31.12.2006 waren die Zwecke in § 52 Abs. 1 AO beispielhaft und nicht abschließend in Nr. 1 bis 4 des § 52 Abs. 2 AO weit weniger umfangreich aufgeführt. Die Aufzählung gemeinnütziger Zwecke war in Verbindung zu setzen mit der Anlage 1 zu § 48 Abs. 2 EStDV a. F. Bis zum 31.12.2006 waren Zuwendungen an Körperschaften, die gemeinnützige Zwecke verfolgen, nur dann steuerlich abzugsfähig, wenn es sich entweder um Zuwendungen zur Förderung mildtätiger, kirchlicher, religiöser oder wissenschaftlicher Zwecke oder um Zuwendungen für als besonders förderungswürdig anerkannte gemeinnützige Zwecke handelte. In der Anlage 1 zu § 48 EStDV waren diese im Einzelnen genannt.

Mit dem Gesetz zur weiteren Stärkung des bürgerschaftlichen Engagements[2] wurden ab dem Jahr 2007 die als gemeinnützig anerkannten Zwecke abschließend in 25 Ziffern aufgeführt. Mit der in Satz 2 zu § 52 Abs. 2 AO aufgenommenen Bestimmung hatte der Gesetzgeber jedoch eine Öffnungsklausel geschaffen. Danach kann ein Zweck für gemeinnützig erklärt werden, sofern der von der Körperschaft verfolgte Zweck nicht unter § 52 Abs. 2 Satz 1 AO fällt, aber die Allgemeinheit auf materiellem, geistigem oder sittlichem Gebiet entsprechend selbstlos gefördert wird.

Seitdem hat die Liste des Zweckkatalogs des § 52 Abs. 2 Satz 1 AO abschließende Bedeutung.

Mit dem Jahressteuergesetz 2020 ist der Zweckkatalog geändert und ergänzt worden.

Die Änderungen des Zweckkatalogs des § 52 Abs. 2 Nr. 2 Satz 1 AO im Einzelnen:

1. Klimaschutz (§ 52 Abs. 2 Satz 1 Nr. 8 AO)

Die erste Ergänzung betrifft die Förderung „*des Umweltschutzes*", die durch die Einfügung „*einschließlich des Klimaschutzes*" erweitert worden ist.

Der Klimawandel und die Anpassungen an den Klimawandel zählen zu den „*gegenwärtigen zentralen umwelt- und gesellschaftspolitischen Herausforderungen*". „*Die Aufnahme des Klimaschutzes in die gesetzlichen Katalogzwecke stärkt und fördert das bürgerschaftliche Engagement für Klimaschutz und Ressourceneffizienz auf lokaler Ebene.*"

---

1 AEAO zu § 60, Nr. 1.
2 BGBl 2007 I S. 2332.

„Ein Zweck ‚Klimaschutz' unterstreicht und anerkennt darüber hinaus das Engagement eines jeden Einzelnen für die nicht nur nationale, sondern globale Aufgabenstellung, den Klimawandel zumindest abzumildern und damit die Überlebensgrundlagen der Menschen auch für die Zukunft zu sichern."[1]

Der BFH hat bereits im Jahr 2017 hervorgehoben, dass der Klimaschutz unter Umweltschutz falle und somit einen gemeinnützigen Katalogzweck darstelle. *„Die Förderung des Umweltschutzes umfasst alle Maßnahmen, die darauf gerichtet sind, die natürlichen Lebensgrundlagen des Menschen zu sichern, den Naturhaushalt (Boden, Wasser, Luft, Klima, Tiere, Pflanzen) zu schützen und eingetretene Schäden zu beheben."*[2]

Im Ergebnis dient die Erweiterung des Umweltschutzes um den Klimaschutz der Klarstellung und der gesetzlichen Hervorhebung, da Klimaschutzmaßnahmen mit der geltenden gesetzlichen Regelung der Förderung von Umwelt und Naturschutz *„möglicherweise nicht gänzlich abgedeckt werden."*[3]

Dies ist sicherlich auch vor dem Hintergrund der gesellschaftlichen und politischen Entwicklung begründet. Klimaschutzmaßnahmen treten in den gesellschaftlichen Fokus und stehen weit oben in den politischen Forderungen. Dieser Priorisierung wird nun auch in den gemeinnützigen Katalogzwecken Rechnung getragen. Inhaltlich ist jedoch keine wesentliche Änderung zu erkennen.

2. Förderung der Hilfe für rassistisch Verfolgte (§ 52 Abs. 2 Satz 1 Nr. 10 AO)

In der Nr. 10 wird das Wort *„rassisch"* durch das Wort *„rassistisch"* ersetzt. Ein gemeinnütziger Zweck wird dadurch *„die Förderung der Hilfe für politisch, rassistisch oder religiös Verfolgte"*.

Die Änderung ist vor dem Hintergrund der Diskussion und (Neu-)Bewertung des Begriffs „Rasse" zu betrachten. Der Begriff „Rasse" wird heute problematisch gewertet und gilt als diskriminierend.

So steht eine menschenbezogene Verwendung des Begriffs „Rasse" im Zusammenhang mit Vorstellungen von Kategorien unterschiedlicher Menschen. Menschen sind Menschen. Es gibt keine „Rassen". Das Wort „Rasse" suggeriert ein Menschenbild, das auf der Vorstellung unterschiedlicher menschlicher „Rassen" basiert. Jedoch gehen

---

[1] BR-Drucks. 503/20 (Beschluss) S. 59.
[2] BFH, Urteil v. 20.3.2017 - X R 13/15, BStBl 2017 II S. 1110; Hüttemann, Änderungen des Gemeinnützigkeits- und Spendenrechts durch das Jahressteuergesetz 2020, DB 2021 S. 73; Buchna/Leichinger/Seeger/Brox, Gemeinnützigkeit im Steuerrecht, 11. Auflage 2015, Tz. 2.2.6., S. 75.
[3] BT-Drucks. 19/25160 S. 200.

3. Diskriminierung aufgrund geschlechtlicher Identität (§ 52 Abs. 2 Satz 1 Nr. 10 AO)

allein rassistische Theorien von der Annahme aus, dass es unterschiedliche menschliche „Rassen" gibt.

Die ausdrückliche Nennung rassistischer Benachteiligung, wie die Gesetzesbegründung es ausdrückt, *„soll sicherstellen, dass diejenigen ehrenamtlich Engagierten und ihre Organisationen gezielt gefördert werden und damit gesellschaftliche Anerkennung erfahren, die mit ihrem Engagement Rassismus als gesellschaftliches Problem gezielt bekämpfen."*[1]

Auch das Grundgesetz enthält in den Diskriminierungsverboten des Artikels 3 Abs. 3 Satz 1 GG den Begriff „Rasse". Dieses Diskriminierungsverbot entstand vor dem Hintergrund der *„missbräuchlichen Verwendung im Nationalsozialismus"*. *„Das Grundgesetz verwendet den Begriff damit nicht in Anerkennung von Rasseideologien, sondern um sich davon zu distanzieren."*[2] Das Justizministerium hat einen konkreten Vorschlag zur Streichung des Begriffs „Rasse" im Grundgesetz unterbreitet. Artikel 3 würde danach eine Diskriminierung aus rassistischen Gründen untersagen.

Die umstrittene Bezeichnung „Rasse" wird nun durch das Wort „rassistisch" ersetzt.

3. Förderung der Hilfe für Menschen, die aufgrund ihrer geschlechtlichen Identität oder ihrer geschlechtlichen Orientierung diskriminiert werden (§ 52 Abs. 2 Satz 1 Nr. 10 AO)

Die Aufzählung in der Nr. 10 des § 52 Abs. 2 Satz 1 AO wird am Ende hinter der „Förderung des Suchdienstes für Vermisste" um die „Förderung der Hilfe für Menschen, die aufgrund ihrer geschlechtlichen Identität oder ihrer geschlechtlichen Orientierung diskriminiert werden" ergänzt.

In der Gesetzesbegründung heißt es, dass in den derzeitigen Katalogzwecken der Schutz von Personen, die aufgrund ihrer geschlechtlichen Identität oder ihrer geschlechtlichen Orientierung diskriminiert werden, *„nicht ausreichend zum Ausdruck"* kommt. *„Aufgrund der gesellschaftlichen Entwicklung erfolgt eine Anpassung des Gemeinnützigkeitsrechts. Durch die Aufnahme der Formulierung in den Zweckkatalog wird eine moderne gesellschaftliche Entwicklung begleitet und auch die gesellschaftliche Anerkennung aller geschlechtlichen Identitäten bzw. geschlechtlicher Orientierungen gefördert."*[3]

---

1 BT-Drucks. 19/25160 S. 200.
2 Diskussionsentwurf des Bundesministeriums der Justiz und für Verbraucherschutz; Entwurf eines Gesetzes zur Ersetzung des Begriffs „Rasse" in Art. 3 Abs. 3 Satz 1 des Grundgesetzes.
3 BT-Drucks. 19/25160 S. 200.

Die geschlechtliche Identität und die geschlechtliche oder sexuelle Orientierung stellen zentrale Aspekte der Persönlichkeit eines Menschen dar. Jeder Mensch hat das Recht, diese selbst zu bestimmen und sich offen und frei dazu zu bekennen. Der gesellschaftspolitischen Entwicklung wird mit der Aufnahme in den Katalog gemeinnütziger Zwecke Rechnung getragen.

4. Förderung der Heimatpflege, Heimatkunde und Ortsverschönerung (§ 52 Abs. 2 Satz 1 Nr. 22 AO)

Die bisher als gemeinnützig anerkannten steuerbegünstigten gemeinnützigen Zwecke der Förderung der Heimatpflege und Heimatkunde werden um den Zweck der Förderung der Ortsverschönerung erweitert. Dadurch *„kommt es zu einer ausdrücklichen gesetzlichen Hervorhebung dieses Zwecks, wodurch die meist in den verschiedenen Katalogzwecken enthaltenen Aspekte, wie z. B. Landschaftspflege, Heimatpflege, Naturschutz und Denkmalpflege, gebündelt werden."*[1]

Heimatpflege ist laut Duden die Erhaltung des Charakters der Heimat durch Umweltschutz, Pflege der Kulturdenkmäler, Bräuche;[2] während Heimatkunde mit Geschichte, Geografie und Biologie einer engeren Heimat (als Unterrichtsfach) definiert wird.[3]

Unter Heimatpflege und Heimatkunde ist gemäß Gutachten der Unabhängigen Sachverständigenkommission zur Prüfung des Gemeinnützigkeits- und Spendenrechts die Pflege der Verbundenheit mit der Heimat als sozialem Erfahrungs- und Zugehörigkeitsraum (mit ihrer geschichtlichen und kulturellen Tradition, mit ihren Lebensformen) und dem ihr innewohnenden Bildungswert zu verstehen. Dazu zählen u. a. historische Landesforschung, Landes-, Volks- und Heimatkunde; die Pflege der regionalen Sprache (Mundart), Musik und Kleidung, die Brauchtumspflege, Unterstützung von Heimatmuseen.[4] Auch können Freizeitwinzervereine wegen der Förderung der Heimatpflege als gemeinnützig anerkannt werden. Werden jedoch in erster Linie eigenwirtschaftliche Zwecke der Mitglieder gefördert, wird die Durchführung von Festveranstaltungen Satzungszweck oder steht die Förderung der Geselligkeit im Vordergrund, kann keine Steuerbegünstigung gewährt werden.[5]

---

1 BR-Drucks. 503/20 (Beschluss) S. 60.
2 Dudenredaktion (o. J.): „Heimatpflege" auf Duden online, https://www.duden.de/rechtschreibung/Heimatpflege.
3 Dudenredaktion (o. J.): „Heimatkunde" auf Duden online, https://www.duden.de/rechtschreibung/Heimatkunde.
4 Unabhängige Sachverständigenkommission zur Prüfung des Gemeinnützigkeits- und Spendenrechts: vgl. Buchna/Leichinger/Seeger/Brox, Gemeinnützigkeit im Steuerrecht, 11. Auflage, S. 75.
5 AEAO zu § 52, Nr. 12 und 13.

Neben der Heimatpflege und der Heimatkunde ist nun mit der „Ortsverschönerung" ein weiterer Begriff als Förderung der Allgemeinheit gesetzlich verankert, der mit *„grundlegende Maßnahmen für die Verbesserung der örtlichen Lebensqualität im Dorf bzw. im Stadtteil"*[1] weniger eine Definition, mehr eine Beschreibung liefert, die sich in der Praxis noch beweisen muss. Dadurch wird die *„Bedeutung des ländlichen Raums bzw. des örtlichen Stadtteils als wichtiger Lebensraum für Menschen, Tiere und Pflanzen betont"*.[2]

Ob die Zweckerweiterung um die „Ortsverschönerung" *„tatsächlich zu einer Vereinfachung führen wird, darf bezweifelt werden"*.[3]

Wirtschaftsförderung ist damit jedoch ausdrücklich nicht gemeint.[4] Hierunter fallen somit keine Maßnahmen, die gezielt Unternehmen der örtlichen gewerblichen Wirtschaft zugutekommen.

Mitgliedsbeiträge an Körperschaften, die Heimatpflege, Heimatkunde und Ortsverschönerung fördern, sind nach § 10b Abs. 1 Satz 8 AO nicht als Sonderausgaben abziehbar.

5. Förderung des Freifunks (§ 52 Abs. 2 Satz 1 Nr. 23 AO)

Mit dem Jahressteuergesetz 2020 werden in der Nr. 23 des § 52 Abs. 2 Satz 1 AO nach den Wörtern „des Amateurfunks" die Wörter „des Freifunks" eingefügt.

Die Bundesregierung hat im Koalitionsvertrag WLAN als *„wichtigen Teil einer modernen digitalen Infrastruktur"* herausgestellt. Durch die Anerkennung der Gemeinnützigkeit des Betriebs und der Unterhaltung offener WLAN-Netze sollen Freifunk-Initiativen gestärkt und die Netzabdeckung verbessert werden.[5]

Bereits im Jahr 2017 hatte der Bundesrat einen entsprechenden Gesetzesantrag ins Gesetzgebungsverfahren eingebracht,[6] eine Wiedervorlage erfolgte Ende 2018.[7]

Im Januar 2019 hatte der Bundesrat einen Entwurf eines Gesetzes zur Änderung der Abgabenordnung zwecks Anerkennung der Gemeinnützigkeit von Freifunk eingebracht. Hierin kam zum Ausdruck, dass Freifunk eine *„Form des gemeinnützigen bürgerschaftlichen Engagements"* sei. Freifunk-Initiativen starten mit der Zielsetzung, ein kostenloses freies Kommunikationsnetzwerk aufzubauen, zu unterhalten und zu erweitern. Es entstehen lokale Bürgernetze, *„in denen der Datenverkehr über alle beliebigen Stationen*

---

1 BT-Drucks. 19/25160 S. 201.
2 BT-Drucks. 19/25160 S. 201.
3 Hüttemann, Änderungen des Gemeinnützigkeits- und Spendenrechts durch das Jahressteuergesetz 2020, DB 2021 S. 73.
4 BT-Drucks. 19/25160 S. 201.
5 Koalitionsvertrag zwischen CDU, CSU und SPD, 19. Legislaturperiode, 12.3.2018, S. 39.
6 BR-Drucks. 107/17 (Beschluss).
7 BR-Drucks. 573/18 (Beschluss).

II. Änderung des § 52 Abs. 2 AO

wandern kann", es entstehen Zugänge ins Internet, sie dienen einer Bereitstellung einer Internet-Grundversorgung und vermitteln *„zugleich Kompetenzen über IT-Infrastrukturen"*. Die Steuerbegünstigung kann aber nur insoweit anerkannt werden, wenn bspw. durch Bildungsmaßnahmen zu Fragen der Hard- oder Software die Volks- und Berufsbildung gefördert wird oder durch unentgeltliche Überlassung von Hard- und Software an Flüchtlingsunterkünfte mildtätige Zwecke gefördert werden. *„Soweit sich Freifunk-Initiativen daneben jedoch aktiv an der Schaffung und Unterhaltung der Freifunk-Netze selbst beteiligen, ist eine Steuerbegünstigung nach geltendem Recht nicht möglich."*[1]

In der Stellungnahme des Bundesrats im Oktober 2020[2] wird angeführt, dass das *„gemeinnützige Engagement von Freifunk-Initiativen für eine digitale Gesellschaft durch die Aufnahme eines neuen Katalogzwecks in die Abgabenordnung unterstützt werden"* soll.

In der Beschlussempfehlung und dem Bericht des Finanzausschusses heißt es schließlich nur noch: *„Unter dem sogenannten „Freifunk" werden nichtkommerzielle Initiativen eingeordnet, die sich der Förderung der lokalen Kommunikation sowie der technischen Bildung, dem Aufbau und Betrieb eines lokalen freien Funknetzes widmen."*[3]

Ursprünglich hatte der Gesetzentwurf eine eigene neue Nummer 26 in § 52 Abs. 2 Satz 1 AO vorgesehen. Danach wären als Förderung der Allgemeinheit anzuerkennen, *„die Einrichtung und Unterhaltung von Kommunikationsnetzwerken, die der Allgemeinheit ohne Gegenleistung offenstehen (Freifunk-Netze). Als Gegenleistung in diesem Sinne gilt insbesondere die Erlaubnis zur Verwendung oder Weitergabe der Nutzerdaten für gewerbliche Zwecke."*

Hiervon ist nunmehr im Jahressteuergesetz 2020 nur noch der Begriff „Freifunk" übrig.

Es wurde schließlich keine eigene Nummer für den „Freifunk" gesetzlich definiert. Vielmehr wurde der „Freifunk" hinter dem Wort „Amateurfunk" in die Nr. 23 eingefügt.

Mit dieser Einfügung hat der Gesetzgeber auch bewirkt, dass Mitgliedsbeiträge zur Förderung des Freifunks steuerlich nicht als Sonderausgaben[4] abziehbar sind. Die Steuerbegünstigung wird mit dieser Anordnung in § 52 Abs. 2 Satz 1 Nr. 23 AO *„weitgehend entwertet"*.[5]

---

1 BT-Drucks. 19/6925.
2 BR-Drucks. 503/20 (Beschluss) S. 61.
3 BT-Drucks. 19/25160 S. 201.
4 § 10b Abs. 1 Satz 8 Nr. 4 AO.
5 Hüttemann, Änderungen des Gemeinnützigkeits- und Spendenrechts durch das Jahressteuergesetz 2020, DB 2021 S. 73.

6. Förderung der Friedhofskultur (§ 52 Abs. 2 Satz 1 Nr. 26 AO)

Abschließend ist der Zweckkatalog um eine neue Nummer 26 erweitert worden. Als Förderung der Allgemeinheit und damit als gemeinnützig ist *„die Förderung der Unterhaltung und Pflege von Friedhöfen und die Förderung der Unterhaltung von Gedenkstätten für nichtbestattungspflichtige Kinder und Föten"* anzuerkennen.

Die Unterhaltung und Pflege von Friedhöfen stellt keinen gemeinnützigen Katalogzweck dar und kann auch nicht unter die bestehenden Zwecke subsumiert werden. Der Bundesrat weist jedoch darauf hin, dass das Bestattungsrecht die Beleihung von Körperschaften des privaten Rechts mit dieser Aufgabe ermöglicht und eröffnet damit die Möglichkeit, diese Körperschaften steuerlich zu fördern.[1]

Das Finanzgericht Münster hatte mit Urteil vom 19.2.2018[2] entschieden, dass *„ein Verein, dessen satzungsmäßiger Zweck darauf gerichtet ist, einen Friedhof mit einer Trauerhalle für seine Mitglieder zu unterhalten, nicht gemeinnützig ist."* Zwar sei es zutreffend, so die Richter, dass *„auf einem Friedhof Religion und Kultur verwirklicht"* würden und die Unterhaltung eines Denkmals des Grabes eines unbekannten Soldaten der alliierten Kräfte aus dem Zweiten Weltkrieg als *„Förderung des Denkmalschutzes betrachtet"* werden könnte. Jedoch verwirklicht der Verein die Zwecke der Religion und Kultur nicht unmittelbar selbst. *„Er verwirklicht sie vielmehr mittelbar, indem er die für die Ausübung der Religion und der Kultur erforderlichen Wirtschaftsgüter anderen Personen zur Verfügung stellt und unterhält."* Die *„Pflege der Trauerhalle, der Wege, der Grababgrenzungen, der Friedhofshecken, die Abfallentsorgung, der Baumschnitt"* und andere Tätigkeiten *„stellen vielmehr lediglich den ‚äußeren sachlichen und organisatorischen Rahmen' dafür dar, dass andere Personen auf dem Friedhof und in der Trauerhalle Religion und Kultur fördern bzw. ausüben können."* Die Unterhaltung eines Denkmals stelle vorliegend mangels satzungsmäßiger Regelung keine Förderung des Denkmalschutzes dar und es würde *„hinsichtlich des Denkmalschutzes an der Ausschließlichkeit gemäß § 56 AO fehlen, da der Kläger neben der Förderung des Denkmalschutzes auch einen Friedhof unterhält."*

Dieser Verein könnte nun seine Satzung durch die Aufnahme der Förderung des Denkmalschutzes und mit dem Jahressteuergesetz 2020 durch die Förderung der Unterhaltung und Pflege von Friedhöfen gemeinnützig gestalten.

Die gesetzliche Regelung fördert weiterhin die Unterhaltung von Gedenkstätten auch für „Sternenkinder", die nach dem jeweiligen Landesbestattungsgesetz nicht bestattet werden können, als einen Ort der Trauer für die betroffene Familie.

---

[1] BR-Drucks. 503/20 (Beschluss) S. 60.
[2] FG Münster, Urteil v. 19.2.2018 - 13 K 3313/15 F, EFG 2018 S. 897, NWB EAAAG-82036.

Die seelsorgerische Betreuung der Angehörigen ist, so die Beschlussempfehlung, als Förderung mildtätiger Zwecke gem. § 53 AO anzusehen.[1]

Im Ergebnis ist sicherlich festzuhalten, dass die Ergänzungen und Erweiterungen kleinteiliger und mitunter lediglich klarstellender, präzisierender Natur oder Anpassungen an gesellschaftspolitische Gegebenheiten sind.

Im Detail zeigen einzelne Begründungen die Komplexität der Rechtsanwendung auf.

Die Begründungen zur Gesetzesänderung des Zweckkatalogs lauten unter anderem, dass der Zweck *„möglicherweise nicht gänzlich abgedeckt werden kann"* (Klimaschutz), der Schutz *„in den bestehenden Katalogzwecken nicht ausreichend zum Ausdruck"* kommt und *„die Präzisierung zu einer Vereinfachung im Verwaltungsvollzug"* führt (Hilfe bei Diskriminierung aufgrund geschlechtlicher Identität oder Orientierung).[2] Hierin mag deutlich werden, dass in der Praxis die Nennung von nicht eindeutig gesetzlich bestimmten Katalogzwecken in einer Satzung dazu führen kann, dass die Finanzverwaltung die Anerkennung versagt oder diese erst nach intensiven Diskussionen gewährt.

Weiter wird eine *„Bürokratieentlastung für Vereine"* dadurch erreicht, dass *„bisherige Komplikationen mit der Anerkennung von Vereinen, die die Vielzahl dieser Zwecke in ihrer Satzung nicht fortlaufend verfolgen können,"* beseitigt werden (Ortsverschönerung).[3] Hierin zeigt sich die Schwierigkeit, vor der Rechtsanwender regelmäßig stehen. Die Zweckverfolgung satzungsgemäß definierter Katalogzwecke ist zu dokumentieren und nachzuweisen, auch wenn einzelne Aspekte in verschiedenen Zwecken enthalten sind.

Der Gesetzgeber hat verschiedene politische Forderungen zur Aufnahme weiterer Katalogzwecke in den § 52 Abs. 2 Satz 1 AO nicht erfüllt.

So ist der Antrag auf Erweiterung des Katalogs der steuerlich begünstigten Zwecke um die Zwecke der *„Förderung der Wahrnehmung und Verwirklichung von Grundrechten"*, der *„Förderung des Friedens"* und der *„Förderung der sozialen Gerechtigkeit"* abgelehnt worden.[4]

III. Änderung des § 55 Abs. 1 Nr. 5 AO

In § 55 Abs. 1 Nr. 5 AO wird der Satz 4 angefügt: *„Satz 1 gilt nicht für Körperschaften mit jährlichen Einnahmen von nicht mehr als 45 000 Euro."*

---

1 BR-Drucks. 503/20 (Beschluss) S. 60.
2 BT-Drucks. 19/25160 S. 201; BR-Drucks. 503/20 (Beschluss) S. 60.
3 BT-Drucks. 19/25160 S. 201; BR-Drucks. 503/20 (Beschluss) S. 60.
4 Antrag der Fraktion DIE LINKE: BT-Drucks. 19/15465; Entschließungsantrag der Fraktion BÜNDNIS 90/DIE GRÜNEN: BT-Drucks. 19/25160 S. 179.

III. Änderung des § 55 Abs. 1 Nr. 5 AO

Eine Körperschaft muss ihre Mittel grundsätzlich zeitnah für ihre steuerbegünstigten satzungsmäßigen Zwecke verwenden. Eine zeitnahe Mittelverwendung ist gegeben, wenn die Mittel spätestens in den auf den Zufluss folgenden zwei Kalender- oder Wirtschaftsjahren für die steuerbegünstigten satzungsmäßigen Zwecke verwendet werden. Die zeitnahe Mittelverwendung ist eine Bedingung, damit eine Förderung oder Unterstützung selbstlos geschieht.

Mit dem Jahressteuergesetz 2020 ist die Verpflichtung zur zeitnahen Mittelverwendung für kleine Körperschaften aufgehoben. Für kleine Körperschaften stellt dies einen tatsächlichen Abbau bestehender Bürokratie dar, da für diese eine steuerliche Mittelverwendungsrechnung nicht mehr geführt werden muss.

Dieser Vorteil ist nicht hoch genug einzuschätzen. Dies gilt vor dem Hintergrund, dass jede steuerbegünstigte Körperschaft die zeitnahe Mittelverwendung nachzuweisen hat, *„zweckmäßigerweise durch eine Nebenrechnung (Mittelverwendungsrechnung)"*[1]; diese Mittelverwendungsrechnung jedoch nicht standardisiert ist. Thiel[2] stellte 1992 eine systematische Mittelverwendung i. S. d. Gemeinnützigkeitsrechts dar. Diesen Aufbau hat Buchna[3] ähnlich verwendet. Das Verfahren ist zeitaufwändig, technisiert und erschließt sich dem Anwender mitunter nicht auf Anhieb. Es stellt einen echten Zeitgewinn dar und dient damit dem Bürokratieabbau, eine steuerliche Mittelverwendungsrechnung nicht erstellen zu müssen.

Dieser Vorteil, nicht dem Gebot der zeitnahen Mittelverwendung zu unterliegen und keine steuerliche Mittelverwendungsrechnungen erstellen zu müssen, kommt mit dem Jahressteuergesetz 2020 kleinen Körperschaften zugute. Der Gesetzgeber definiert eine Körperschaft als klein, wenn sie jährliche Einnahmen von nicht mehr als 45.000 € aufweist.

Nach der Beschlussempfehlung gilt diese neue Freigrenze bei *„kumulierte(n) Einnahmen des ideellen Bereichs, des Zweckbetriebs, der Vermögensverwaltung und des steuerpflichtigen wirtschaftlichen Geschäftsbetriebes."*[4] Dem bloßen Wortlaut nach stellt das Gesetz danach auf Brutto-Einnahmen i. S. d. § 64 Abs. 3 AO und § 67a AO ab.

Wird bei der Betrachtung der Freigrenze auf Gesamt-Brutto-Einnahmen abgestellt, bliebe zum einen unberücksichtigt, dass die Verpflichtung zur zeitnahen Mittelverwendung für zu verwendende Mittel und nicht für Brutto-Einnahmen gilt. Zeitnah zu verwendende Mittel einer steuerbegünstigten Körperschaft sind die Brutto-Einnahmen des ideellen Bereichs und die Überschüsse bzw. Gewinne der Vermögensverwaltung, der

---
1 AEAO zu § 55, Abs. 1 Nr. 5, Nr. 29.
2 DB 1992 S. 1900.
3 Buchna/Leichinger/Seeger/Brox, Gemeinnützigkeit im Steuerrecht, 11. Auflage, S. 164.
4 BT-Drucks. 19/25160 S. 201.

III. Änderung des § 55 Abs. 1 Nr. 5 AO

Zweckbetriebe und der steuerpflichtigen wirtschaftlichen Geschäftsbetriebe. Möglicherweise entstehen in einer Körperschaft bspw. im steuerpflichtigen wirtschaftlichen Geschäftsbetrieb durch entsprechend hohe Betriebsausgaben keine oder nur geringe Gewinne. Nur die erzielten Gewinne sind zeitnah zu verwenden, nicht hingegen die erzielten Brutto-Einnahmen. Zum anderen wären auch solche Mittel bei der Berechnung der Gesamteinnahmen einer Körperschaft zu berücksichtigen, die bereits dem Grunde nach von der Verpflichtung zur zeitnahen Mittelverwendung ausgenommen sind wie die Zuwendungen nach § 62 Abs. 3 AO.

Sinn und Zweck der Einführung dieser Freigrenze ist, dass mit dem Wegfall der Verpflichtung zur zeitnahen Mittelverwendung ein Beitrag zum Bürokratieabbau geleistet wird. Kleine Körperschaften sollen *„nicht den strengen Maßstäben der zeitnahen Mittelverwendung unterliegen. Dies entlastet sowohl die Körperschaften als auch die für Überwachung zuständigen Finanzämter."*[1]

Danach sollte richtigerweise im Wege einer teleologischen Reduktion bei der Berechnung der „Einnahmen" nach § 55 Abs. 1 Nr. 5 Satz 4 AO auf zeitnah zu verwendende Mittel abgestellt werden. Liegt die Summe aus den Brutto-Einnahmen des ideellen Bereichs und den Überschüssen bzw. Gewinnen der Vermögensverwaltung, der Zweckbetriebe und der steuerpflichtigen wirtschaftlichen Geschäftsbetriebe unter 45.000,00 €, entfällt die Verpflichtung der zeitnahen Mittelverwendung. Ob die Finanzverwaltung dieser Auslegung folgt, bleibt abzuwarten. Da diese Auslegung auch zum Bürokratieabbau bei der Finanzverwaltung beiträgt, käme diese natürlich auch der Finanzverwaltung zugute.

Weiterhin bedarf der Begriff „jährlich" einer Auslegung i. S. d. Intention des Gesetzgebers. Dies ist insbesondere für die Körperschaften von Bedeutung, deren „jährliche Einnahmen" um die Freigrenze von 45.000,00 € schwanken oder die Grenze nur in einzelnen Jahren überschreiten. Um den Bürokratieaufwand tatsächlich zu vermindern, benötigen kleinere Körperschaften Sicherheit bei der notwendigen kontinuierlichen Dokumentation. Es käme einer Fehlinterpretation des Gesetzes gleich, wenn Mittelzuflüsse markiert und im Zeitablauf nachverfolgt werden müssten. Zu unterscheiden wären dann Mittelzuflüsse, die in Jahren eingehen, in denen die Einnahmen-Grenze von 45.000,00 € nicht überschritten werden, und solche, die in Jahren erfolgen, in denen die Bagatellgrenze nicht überschritten wird. Im Ergebnis würde nicht Bürokratieaufwand gesenkt, sondern im Gegenteil noch erhöht werden.

Einen Ausweg könnte bei der Prüfung der Bagatellgrenze eine Zeitraumbetrachtung darstellen. So könnte eine Körperschaft nicht als klein i. S. d. § 55 Abs. 1 Nr. 5 Satz 4

---

[1] BR-Drucks. 503/20 (Beschluss) S. 62.

AO gelten, wenn sie bspw. in drei aufeinanderfolgenden Veranlagungszeiträumen jeweils mehr Einnahmen als 45.000,00 € erzielt.

Diesen vom Prinzip der Abschnittsbesteuerung abweichenden Weg beschreitet die Finanzverwaltung auch bei der Frage, ob sich ein Träger der Wissenschafts- und Forschungseinrichtung überwiegend aus Zuwendungen der öffentlichen Hand oder Dritter oder aus der Vermögensverwaltung finanziert.[1] Die Betrachtung eines Dreijahreszeitraums setzt die Finanzverwaltung auch bei der in der jüngsten Vergangenheit umfangreich diskutierten und kommentierten Beantwortung der Frage ein, ob eine Einrichtung der Wohlfahrtspflege nicht des Erwerbs wegen betrieben wird.[2]

Es ist fraglich und bleibt abzuwarten, ob die Finanzverwaltung sich dieser Auslegung anschließen kann.

IV. § 57 Abs. 1 AO – Der Unmittelbarkeitsgrundsatz

1. Einführung

§ 51 Abs. 1 AO fordert für die Gewährung der Gemeinnützigkeit, dass die jeweilige Körperschaft ausschließlich und **unmittelbar** gemeinnützige, mildtätige oder kirchliche Zwecke (= steuerbegünstigte Zwecke) verfolgt. Wann eine unmittelbare Zweckverwirklichung vorliegt, regelt § 57 AO. Demnach verfolgt eine Körperschaft ihre steuerbegünstigten Zwecke unmittelbar, wenn sie diese Zwecke *selbst* verwirklicht (§ 57 Abs. 1 Satz 1 AO). Dazu ist ein eigenes Tätigwerden erforderlich, das darauf abzielt, die eigenen steuerbegünstigten Zwecke direkt zu fördern, ohne dass andere Personen oder Leistungen zwischengeschaltet werden.[3] Der Unmittelbarkeitsgrundsatz verlangt, dass die erbrachten Leistungen dem begünstigten Personenkreis unmittelbar zugutekommen.[4] Eine lediglich mittelbare Förderung des begünstigten Personenkreises, z. B. durch die Erbringung von Vorleistungen, die vom Leistungsempfänger für steuerbegünstigte Zwecke eingesetzt werden, stellt gem. § 57 Abs. 1 AO grundsätzlich keine unmittelbare Zweckverwirklichung dar.[5] Teilweise konnten Kooperationen bisher durch die Einbindung einer sog. Hilfsperson gestaltet werden (vgl. unter IV.2.c)).

---

1 AEAO zu § 68, Nr. 9, Nr. 19.
2 AEAO zu § 66, Nr. 2.
3 Vgl. Buchna/Leichinger/Seeger/Brox, Gemeinnützigkeit im Steuerrecht, 11. Auflage, S. 187.
4 Vgl. BFH, Urteil v. 14.1.2016 - V R 56/14, BFH/NV 2016 S. 792, Rz. 15 m. w. N., NWB OAAAF-69009.
5 Vgl. BFH, Urteil v. 17.2.2010 - I R 2/08, DStRE 2010 S. 755.

2. Bisherige Problematik

Der Grundsatz der Unmittelbarkeit führte bisher insbesondere bei der arbeitsteiligen Zusammenarbeit von Körperschaften zur gemeinsamen Zweckverwirklichung zu erheblichen Schwierigkeiten bei der Anerkennung der Gemeinnützigkeit. Bei einer konsequenten Anwendung des § 57 Abs. 1 AO war für jede der kooperierenden Körperschaften zu prüfen, ob sie ihre steuerbegünstigten Zwecke auch unmittelbar durch Leistungserbringung gegenüber dem begünstigten Personenkreis verwirklichte. Soweit einer der Kooperationspartner lediglich *mittelbar* zur Zweckverwirklichung beitrug und auch ansonsten keine eigenen steuerbegünstigten Zwecke unmittelbar verfolgte, kam die Anerkennung als gemeinnützige Körperschaft nicht in Betracht.[1] Aber auch, wenn parallel zur Kooperation eigene steuerbegünstigte Zwecke unmittelbar verwirklicht werden, ist die Frage des unmittelbaren oder lediglich mittelbaren Tätigwerdens im Rahmen der Kooperation von Bedeutung. Hiernach entscheidet sich, ob die Kooperationsleistungen im Zweckbetrieb oder im steuerpflichtigen wirtschaftlichen Geschäftsbetrieb bzw. der Vermögensverwaltung angefallen sind.[2] Die Einordnung der Kooperationsleistung als lediglich mittelbare Tätigkeit, zum Beispiel bei der Erbringung von Vorbereitungsleistungen für andere Einrichtungen, die von diesen dann wiederum zur eigenen Zweckverwirklichung genutzt werden, hing maßgeblich von den Gegebenheiten des Einzelfalls ab. Dementsprechend häufig musste sich auch der BFH bereits mit der Frage, ob eine Zweckverfolgung mittelbar oder unmittelbar erfolgte, auseinandersetzen.

In der Praxis führte dieser Umstand zu erheblichen Unsicherheiten und der faktischen Einschränkung von Handlungsoptionen für steuerbegünstigte Körperschaften. Vor allem im gemeinnützigen Konzern verhinderte die Regelung den Aufbau von effizienten Strukturen.

Die Problemfelder im Zusammenhang mit § 57 Abs. 1 AO lassen sich gut anhand des in der Praxis häufig anzutreffenden Falls der Ausgliederung verdeutlichen. Dazu folgendes Beispiel:[3]

---

1 Vgl. Buchna/Leichinger/Seeger/Brox, Gemeinnützigkeit im Steuerrecht, 11. Auflage, S. 190.
2 Vgl. Holland, Kooperationen zwischen gemeinnützigen Organisationen – Neues zur Hilfsperson, DStR 2010 S. 2057 f.
3 Vgl. auch FG Baden-Württemberg, Urteil v. 31.7.1997 - 3 K 268/93, EFG 1997 S. 1341.

2. Bisherige Problematik

BEISPIEL ▶ Die Altenpflege Stiftung betreibt zunächst selbst ein Altenpflegeheim auf einem eigenen Grundstück. Im Jahr 2020 gründet sie die Pflege gGmbH als 100%ige Tochtergesellschaft. Die Pflege gGmbH soll zukünftig das Altenpflegeheim betreiben. Das Grundstück verbleibt im Eigentum der Altenpflege Stiftung und wird von dieser an die Pflege gGmbH verpachtet. Weitere Leistungen erbringt die Altenpflege Stiftung nicht.

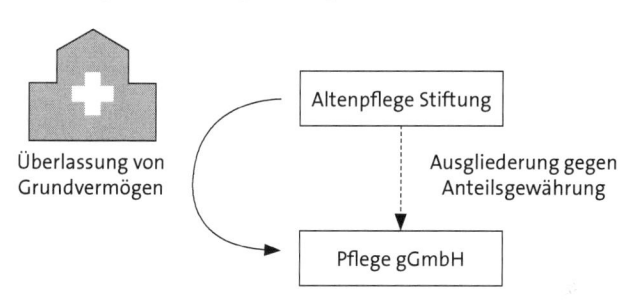

```
                              Altenpflege Stiftung
Überlassung von                     ⋮  Ausgliederung gegen
Grundvermögen                       ⋮   Anteilsgewährung
                                    ▼
                              Pflege gGmbH
```

LÖSUNG NACH § 57 ABS. 1 AO (VOR REFORM GEMR) ▶ Die Altenpflege Stiftung wird nach der Betriebsübertragung nicht mehr unmittelbar gegenüber dem begünstigten Personenkreis tätig. Allein die Überlassung des Grundvermögens an die Pflege gGmbH und das Halten der Beteiligung führt nicht zu einem eigenen Tätigwerden der Stiftung. Da die Altenhilfe Stiftung neben der Verpachtung des Grundvermögens keine weiteren Leistungen – auch keine Mittelweiterleitung – erbringt, wird der Unmittelbarkeitsgrundsatz insgesamt nicht mehr erfüllt. Die Voraussetzungen zur Anerkennung der Gemeinnützigkeit liegen damit nicht mehr vor.

Der Unmittelbarkeitsgrundsatz könnte folglich im schlimmsten Fall zur Aberkennung der Gemeinnützigkeit führen, wenn Umstrukturierungen ohne Überprüfung der gemeinnützigkeitsrechtlichen Konsequenzen vorgenommen wurden.

Allerdings kommt es nicht nur für die Frage, ob eine Körperschaft gemeinnützig ist, auf die unmittelbare Zweckverwirklichung an, sondern auch für die Abgrenzung von Tätigkeiten im steuerbegünstigten Zweckbetrieb bzw. in der Vermögensverwaltung. Dies kann insbesondere für Fragen der Mittelverwendung eine bedeutende Rolle spielen.

ABWANDLUNG DES BEISPIELS ▶ Die Altenpflege Stiftung unterhält neben einem Altenheim auch ein Wohnheim für Menschen mit Behinderung auf eigenem Grundstück. Im Jahr 2020 gründet sie die Pflege gGmbH als 100%ige Tochtergesellschaft, welche fortan das Altenheim betreibt. Das Grundvermögen wird von der Stiftung an die gGmbH verpachtet. Das Wohnheim wird auch weiterhin von der Stiftung betrieben.

IV. § 57 Abs. 1 AO – Der Unmittelbarkeitsgrundsatz

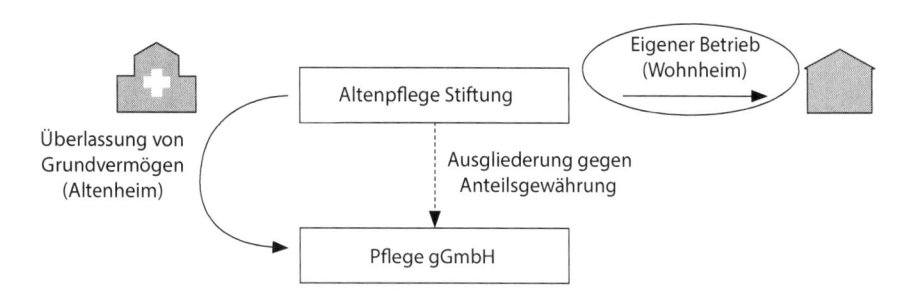

```
                                                          Eigener Betrieb
                                                          (Wohnheim)
                            Altenpflege Stiftung    ─────────────────►

Überlassung von
Grundvermögen                    Ausgliederung gegen
(Altenheim)                      Anteilsgewährung
                                          ▼
                            Pflege gGmbH
```

LÖSUNG NACH § 57 ABS. 1 AO (VOR REFORM GEMR) ► Die Altenpflege Stiftung verfolgt ihre steuerbegünstigten Zwecke zum Teil weiterhin unmittelbar, weil sie nach wie vor Unterstützungsleistungen für Menschen mit Behinderung selbst erbringt. Im Hinblick auf die Zweckverfolgung im Bereich der Altenhilfe kommt es hingegen nicht mehr zu einem unmittelbaren Tätigwerden der Stiftung. Im Ergebnis kann die Altenpflege Stiftung aufgrund der verbleibenden unmittelbaren Zweckverwirklichung auch nach der Ausgliederung als gemeinnützig anerkannt werden. In diesem Zusammenhang hat auch eine Sphärenzuordnung für das überlassene Grundvermögen und die Beteiligung an der Pflege gGmbH zu erfolgen. Sowohl die Beteiligung als auch das Grundvermögen (Altenheim) waren nach Auffassung der Finanzverwaltung in dieser Konstellation gemeinnützigkeitsrechtlich der Vermögensverwaltung zuzuordnen. Ein schädlicher Mittelabfluss war für die Stiftung nicht gegeben, weil die auf die Pflege gGmbH übertragenen Vermögensgegenstände gegen eine 100 % Beteiligung getauscht wurden.[1]

Das dargestellte Beispiel scheint auf den ersten Blick keine negativen Konsequenzen für die Träger-Stiftung zu haben, da deren Gemeinnützigkeit nicht akut gefährdet ist. Bei genauerer Betrachtung wird jedoch schnell klar, dass die Zuordnung der Beteiligung als auch des überlassenen Grundvermögens zur Sphäre der Vermögensverwaltung zu erheblichen Liquiditätsproblemen für die Stiftung führen konnte.[2] In diesem Zusammenhang kam es daher hinsichtlich der Sphärenzuordnung regelmäßig zu Uneinigkeiten mit der Finanzverwaltung. Der AEAO zu § 64 Abs. 1 Nr. 3 Satz 4 ff. schrieb die Zuordnung von Beteiligungen an steuerbegünstigten Körperschaften zur Sphäre der Vermögensverwaltung für die Finanzverwaltung eindeutig vor. Die Überlassung von Grundvermögen wurde aufgrund der allgemeinen Definition der Vermögensverwaltung zugeordnet, da lediglich vorhandenes Vermögen genutzt wurde (§ 14 Satz 3 AO). Die Folge dieser Beurteilung war eine gravierende Verschiebung von Vermögenswerten mit erheblichem Einfluss auf die Mittelverwendungsrechnung. Die zuvor „unmittelbar" im steuerbegünstigten Zweckbetrieb genutzten Grundstücke wurden mit dem Zeitpunkt der Überlassung der Vermögensverwaltung zugeordnet. Gleichfalls war die im Tausch für die Ausgliederung der Betriebs- und Geschäftsausstattung, der liquiden Mittel etc.

---
1 Vgl. Buchna/Leichinger/Seeger/Brox, Gemeinnützigkeit im Steuerrecht, 11. Auflage, S. 146.
2 Vgl. zur Zuordnung der Beteiligung zur Vermögensverwaltung auch Buchna/Leichinger/Seeger/Brox, Gemeinnützigkeit im Steuerrecht, 11. Auflage, S. 286 ff.

erhaltene Beteiligung als Vermögensverwaltung zu qualifizieren. Dieser **Sphärenwechsel** musste grundsätzlich aus nicht zeitnah zu verwendenden Mitteln – zum Beispiel aus der freien Rücklage gem. § 62 Abs. 1 Nr. 3 AO – finanziert werden. Maßgeblich ist dabei die Höhe des Verkehrswerts der sphärenwechselnden Vermögensgegenstände zum Zeitpunkt des Übergangs.[1] Sofern nicht ausreichend freie Mittel zur Verfügung standen, konnte dies wiederum zu Diskussionen um die Gemeinnützigkeit der Trägerkörperschaft führen. Das Problem fehlender freier Mittel lässt sich zumeist nicht ohne Weiteres aus eigener Kraft lösen, da insbesondere die freie Rücklage gem. § 62 Abs. 1 Nr. 3 AO für gewöhnlich über Jahre angespart wird. Ein Ausweg aus dieser Mittelverwendungsproblematik konnte beispielsweise die Finanzierung des Ausgliederungsvorgangs über Darlehen sein, die allerdings möglicherweise zu zusätzlichen Kosten führte. Die Zuordnung zur Vermögensverwaltung machte es zudem erforderlich, sämtliche Investitionen in diesen Bereichen ebenfalls aus nicht zeitnah zu verwendenden Mitteln zu finanzieren. Für die betroffenen gemeinnützigen Körperschaften bedeutete dies einen hohen bürokratischen Aufwand und zusätzliche Dokumentationspflichten.[2]

Häufig ist bei Kooperationen zwischen gemeinnützigen Körperschaften auch ein Austausch von **Serviceleistungen,** wie beispielsweise Verwaltungsleistungen, Finanzbuchhaltung, Küche, Wäscherei, Reinigung oder die Gestellung von Personal (im Folgenden **Funktionsleistungen**), gegeben. Werden diese Leistungen im Rahmen der eigenen steuerbegünstigten Tätigkeit genutzt, sind sie zweifelsohne dem Zweckbetrieb zuzuordnen. Sobald sie jedoch an andere steuerbegünstigte Körperschaften oder gewerbliche Dritte erbracht werden, wurden sie dem steuerpflichtigen wirtschaftlichen Geschäftsbetrieb zugeordnet. So entschied der BFH beispielsweise, dass die Leistungen einer Krankenhausapotheke an Krankenhäuser anderer Träger nur den jeweiligen Krankenhausträgern unmittelbar zugutekomme, nicht hingegen den Patienten dieser Krankenhäuser als begünstigtem Personenkreis.[3] Die Medikamentenlieferungen mussten im Ergebnis mangels unmittelbarer Zweckverfolgung dem steuerpflichtigen wirtschaftlichen Geschäftsbetrieb zugeordnet werden und waren umsatzsteuerpflichtig.

Diese Probleme verschärften sich noch einmal bei Kooperationen mit gewerblichen (Tochter-)Gesellschaften. In der Praxis ist die Ausgliederung von Funktionsleistungen ebenso wie die Weitergabe dieser Leistungen an dritte steuerbegünstigte Körperschaften weit verbreitet. Hintergrund der Auslagerung dieser Kompetenzen ist häufig wirtschaftlicher bzw. unternehmerischer Natur, beispielsweise kann die Lösung vom Tarifrecht der Trägerkörperschaft zu Kosteneinsparungen führen. Weiterhin kann die Kon-

---

1 Vgl. AEAO zu § 55, Nr. 30 Abs. 2 Satz 2.
2 Vgl. ausführlich zum Thema Ausgliederung Salzberger/Schröder, Gemeinnützigkeitssteuerrecht: Übertragung eines wirtschaftlichen Geschäftsbetriebes oder Auslagerung von Hilfsfunktionen auf eine Tochter-GmbH, DStR 2015 S. 1602.
3 Vgl. BFH, Urteil v. 18.10.1990 - V R 76/89, BStBl 1991 II S. 268.

zentration von bestimmten Funktionsleistungen in einer eigens darauf ausgerichteten Servicegesellschaft zu Effizienzsteigerungen führen.

> **BEISPIEL** Die Krankenhaus gGmbH hält 100 % der Anteile an der gewerblichen Küchen-GmbH, deren Tätigkeit im Wesentlichen in der Speisenversorgung der Krankenhaus gGmbH besteht.
>
> Die Verpflegungsleistungen werden sowohl zur Patientenverpflegung als auch für die Cafeteria des Krankenhauses bezogen. Sämtliche Räumlichkeiten hat die Küchen-GmbH von der Krankenhaus gGmbH angemietet. Die Preise für die Verpflegungsleistungen werden zu Selbstkosten kalkuliert.

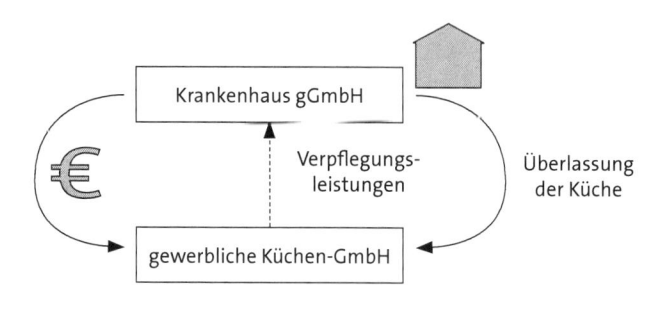

```
         ┌─────────────────────────┐
         │    Krankenhaus gGmbH    │
         │             ▲           │
  €      │    Verpflegungs-        │   Überlassung
         │      leistungen         │   der Küche
         │                         │
         │ gewerbliche Küchen-GmbH │◄──
         └─────────────────────────┘
```

> **LÖSUNG NACH § 57 ABS. 1 AO (VOR REFORM GEMR)** Die Überlassung der Räumlichkeiten an die Küchen-GmbH begründete eine Betriebsaufspaltung und führte daher bei der Krankenhaus gGmbH zu Einnahmen im steuerpflichtigen wirtschaftlichen Geschäftsbetrieb. Daher war auch die Beteiligung an der Küchen-GmbH dem steuerpflichtigen wirtschaftlichen Geschäftsbetrieb zuzuordnen. Außerdem führte die Preiskalkulation zu Selbstkosten zu einer verdeckten Gewinnausschüttung seitens der Küchen-GmbH an die Krankenhaus gGmbH.

Sowohl die Betriebsaufspaltung als auch die verdeckte Gewinnausschüttung waren anhaltend beliebte Themen in den Betriebsprüfungen der letzten Jahre. Ausgangspunkt beider Problemkreise war die Tatsache, dass Servicegesellschaften, wie beispielsweise eine Küchen-GmbH, nicht als gemeinnützig anerkannt werden können, soweit sie ausschließlich Funktionsleistungen erbringen. Dies galt auch, wenn die Funktionsleistungen ausnahmslos an steuerbegünstigte Körperschaften zum dortigen Einsatz für steuerbegünstigte Zwecke erbracht werden.[1] Als Argument wurde oftmals die typisch gewerbliche Betätigung der Servicegesellschaften angeführt, welche bereits für sich genommen nicht gemeinnützig sein könne.[2]

---

1 Vgl. BFH, Urteil v. 6.2.2013 - I R 59/11, DStR 2013 S. 1427.
2 Vgl. hierzu und zum Folgenden: Jäschke, Die ertragsteuerliche Behandlung von Servicegesellschaften im gemeinnützigen Unternehmensverbund, DStR 2019 S. 2668.

a) Verdeckte Gewinnausschüttungen

Die Annahme einer **verdeckten Gewinnausschüttung** innerhalb eines gemeinnützigen Konzernverbundes ging unter anderem auf das viel diskutierte Rettungsdienst-Urteil des BFH[1] und eine Verfügung der OFD Nordrhein-Westfalen[2] zurück. Der BFH erkannte in der nicht marktüblichen Vergütung – zum Beispiel zu Selbstkosten – der Leistungen von Servicegesellschaften eine verhinderte Vermögensmehrung und damit das Vorliegen einer verdeckten Gewinnausschüttung i. S. von § 8 Abs. 3 Satz 2 KStG. Die Finanzverwaltung verlangte vor diesem Hintergrund, dass zwischen gemeinnützigen Körperschaften und ihren Servicegesellschaften angemessene Vergütungen vereinbart werden. Denn lediglich bei Leistungsbeziehungen zwischen ausschließlich steuerbegünstigten Körperschaften konnte der Verzicht auf einen Gewinnaufschlag aufgrund der fehlenden Gewinnorientierung als marktüblich angesehen werden, soweit die Leistungen nicht aus einem steuerpflichtigen wirtschaftlichen Geschäftsbetrieb erbracht wurden.[3] Leistungen von gewerblichen Servicegesellschaften bedürfen demnach stets eines marktüblichen Entgelts. Die Frage, wann ein Entgelt marktüblich ist, lässt sich in der Praxis häufig nicht abschließend klären. Vor allem, weil Servicegesellschaften im gemeinnützigen Konzern für gewöhnlich speziell auf den steuerbegünstigten Leistungsempfänger zugeschnittene Leistungen erbringen. Diese Leistungen werden am Markt meist nicht angeboten, so dass Vergleichspreise schwer zu ermitteln sind. Auch der BFH hat sich dieser Herausforderung nicht weiter gestellt und schlicht einen Kostenausgleich zzgl. eines marktüblichen Gewinnaufschlags gefordert. Der so ermittelte Preis soll dann außerdem einem Fremdvergleich standhalten können.

Aus Sicht der Finanzverwaltung eine sehr dankbare Ausgangslage, insbesondere wenn im gemeinnützigen Konzern häufig keine oder nur unzureichende Aufzeichnungen zur Preisgestaltung existierten. In Betriebsprüfungen kam es in diesem Zusammenhang häufig zu hohen Hinzuschätzungen, teilweise wurden die allgemeinen Richtsatzsammlungen der Finanzverwaltung mit geringen Abschlägen angewandt. Bis heute wird die Bestimmung des angemessenen Leistungsentgelts diskutiert.[4]

b) Betriebsaufspaltung

Die Frage, wann eine **Betriebsaufspaltung** anzunehmen ist, hängt wesentlich von der Gestaltung des Einzelfalls ab. Häufig gibt es keine eindeutige Antwort und folglich ei-

---

1 Vgl. BFH, Urteil v. 27.11.2013 - I R 17/12, DStRE 2012 S. 1395.
2 Vgl. OFD Nordrhein-Westfalen, Vfg. v. 18.1.2017 - S 0174-2016/0006-St 15, NWB QAAAG-37586.
3 Vgl. AEAO zu § 55, Nr. 2 Satz 5 f.
4 Vgl. ausführlich zum Thema Seeger/Milde, Leistungsaustausch und Gewinnzuschläge bei Non-Profit-Unternehmen nach dem AEAO 2016, DStR 2016 S. 2736.

IV. § 57 Abs. 1 AO – Der Unmittelbarkeitsgrundsatz

nen erhöhten Abstimmungsbedarf mit der Finanzverwaltung. Entsprechend viele BFH-Urteile sind zu diesem Themenkomplex ergangen. Für gemeinnützige Körperschaften konnte die Betriebsaufspaltung nicht nur zu einer ertragsteuerlichen Problemstellung werden, sondern auch erhebliche Auswirkungen auf die Mittelverwendung haben.

Nach ständiger Rechtsprechung des BFH ist von einer Betriebsaufspaltung auszugehen, wenn eine sachliche und personelle Verflechtung zwischen verschiedenen Rechtsträgern vorliegt, welche die Möglichkeit eröffnet, einen einheitlichen geschäftlichen Betätigungswillen auszuüben, der auf die Ausübung einer gewerblichen Tätigkeit gerichtet ist.[1] Die Betriebsaufspaltung hat die Gewerbesteuerpflicht des Besitzunternehmens zur Folge.[2] Für steuerbegünstigte Körperschaften bedeutet dies grundsätzlich, dass im Rahmen der Betriebsaufspaltung ein steuerpflichtiger wirtschaftlicher Geschäftsbetrieb bei der Besitzgesellschaft vorlag und auch die Beteiligung an der Tochter-Gesellschaft (Betriebsunternehmen) dem steuerpflichtigen wirtschaftlichen Geschäftsbetrieb zuzuordnen war.[3] Eine gewerbliche Tätigkeit liegt vor, wenn das Betriebsunternehmen einen Gewerbebetrieb unterhält. Ausreichend ist auch der Gewerbebetrieb kraft Rechtsform, so dass es bei einer Tochter-GmbH allein aufgrund der Rechtsform GmbH zu einer gewerblichen Tätigkeit kommt.

Von einer **personellen Verflechtung** ist auszugehen, wenn das Besitzunternehmen den Geschäftswillen des Betriebsunternehmens maßgeblich beeinflussen kann. Dies ist zum Beispiel der Fall, wenn die Person oder die Personengruppe, die das Besitzunternehmen beherrscht auch im Betriebsunternehmen ihren Willen durchsetzen kann.[4] Damit führt die 100 %-Beteiligung an einer Tochter-Gesellschaft im gemeinnützigen Konzern zu einer personellen Verflechtung.

Die **sachliche Verflechtung** setzt voraus, dass der Betriebsgesellschaft materielle oder immaterielle Wirtschaftsgüter zur Nutzung überlassen werden, die für das Betriebsunternehmen eine **wesentliche Betriebsgrundlage** darstellen. Damit kommt eine Betriebsaufspaltung nicht nur bei der Überlassung von Grundvermögen in Betracht, sondern auch wenn bspw. Nutzungsrechte, Veranstalter- und Vermarktungsrechte, Lizenzen oder Personal bzw. Sachmittel überlassen werden, die eine wesentliche Betriebsgrundlage darstellen. Wann eine Betriebsgrundlage *wesentlich* ist, hängt wiederum vom Einzelfall ab. Grundsätzlich ist eine wesentliche Betriebsgrundlage dann gegeben, wenn sie zur Erreichung des Betriebszwecks erforderlich ist und ein besonderes

---

1 Vgl. Buchna/Leichinger/Seeger/Brox, Gemeinnützigkeit im Steuerrecht, 11. Auflage, S. 298 f.
2 Vgl. BFH, Urteil v. 21.5.1997 - I R 164/94, BFH/NV 1997 S. 825, NWB YAAAA-97369.
3 Vgl. hierzu und zum Folgenden: Kraus/Mehren, Gesellschaftsbeteiligungen bei gemeinnützigen Körperschaften – wirtschaftlicher Geschäftsbetrieb oder Vermögensverwaltung?, DStR 2020 S. 1593.
4 Vgl. BFH, Beschluss v. 8.11.1971 - Gr. S. 2/71, BStBl 1972 II S. 63.

Gewicht für die Betriebsführung besitzt.[1] Eine sachliche Verflechtung kann auch dann anzunehmen sein, wenn die Nutzungsüberlassung unentgeltlich erfolgt.[2]

Im Zusammenhang mit einer arbeitsteiligen Zusammenarbeit im (teilweise) gemeinnützigen Konzern spielte die Betriebsaufspaltung demnach eine große Rolle. Denn die Gestaltungsvariante, bestimmte Tätigkeiten auf Tochtergesellschaften auszulagern, das Grundvermögen aber bei der Trägerkörperschaft zu belassen, ist häufig anzutreffen. In diesen Konstellationen war die Betriebsaufspaltung überwiegend zu bejahen. Soweit die Betriebsaufspaltung zu einer anderen steuerbegünstigten Körperschaft bestand, ergaben sich keine gemeinnützigkeitsrechtlichen Probleme, da auch die Finanzverwaltung in diesen Fällen lediglich von einer vermögensverwaltenden Tätigkeit ausging.[3] Dies galt jedoch nur, soweit die überlassenen Wirtschaftsgüter bei der Betriebsgesellschaft ausschließlich im steuerbegünstigten Bereich verwendet wurden. Soweit sie im steuerpflichtigen wirtschaftlichen Geschäftsbetrieb genutzt werden, waren die Folgen der Betriebsaufspaltung gleichwohl zu ziehen.[4]

Etwas Anderes ergab sich, wenn es sich um eine gewerbliche Tochtergesellschaft handelte. In diesen Fällen führte die Betriebsaufspaltung auf Ebene der Trägerkörperschaft zu einer gewerblichen Tätigkeit, so dass etwaige Einnahmen gemeinnützigkeitsrechtlich im Rahmen eines steuerpflichtigen wirtschaftlichen Geschäftsbetriebs erzielt wurden. Zudem war bei dieser Konstellation die Beteiligung an der gewerblichen Tochtergesellschaft dem steuerpflichtigen wirtschaftlichen Geschäftsbetrieb zuzuordnen.[5] Wurde die Betriebsaufspaltung durch die Überlassung von Wirtschaftsgütern, die zuvor im Zweckbetrieb genutzt wurden, neu begründet, so ergaben sich unter Umständen auch hier Probleme hinsichtlich des Mitteleinsatzes. Aufgrund des Sphärenwechsels mussten die entsprechenden Wirtschaftsgüter in Höhe ihres Verkehrswertes aus nicht zeitnah zu verwendenden Mitteln finanziert werden. Besonders bei der Überlassung von Grundvermögen waren häufig nicht genügend freie Mittel vorhanden.

Insgesamt wurde die Kooperation mit gewerblichen Servicegesellschaften durch die (gemeinnützigkeitsrechtlichen) Folgen der Betriebsaufspaltung deutlich eingeschränkt. Problematisch wurde die Betriebsaufspaltung insbesondere dann, wenn sie unerkannt blieb und erst durch eine Betriebsprüfung aufgedeckt wurde. In diesen Fällen waren häufig nicht genügend freie Mittel vorhanden, um einen etwaigen Sphärenwechsel zu finanzieren.

---

1 Vgl. BFH, Urteil v. 24.8.1989 - IV R 135/86, BStBl 1989 II S. 1014.
2 Vgl. BFH, Urteil v. 24.4.1991 - X R 84/88, BStBl 1991 II S. 713.
3 Vgl. AEAO zu § 64, Abs. 1, Nr. 3, Satz 8.
4 Vgl. Schauhoff, Handbuch der Gemeinnützigkeit, 3. Auflage 2010, § 7, Rz. 137.
5 Vgl. AEAO zu § 64, Abs. 1, Nr. 3 Satz 5.

c) Hilfsperson

Die bisher einzige Möglichkeit, ein arbeitsteiliges Zusammenarbeiten mit einer weiteren Körperschaft gemeinnützigkeitsrechtlich zu gestalten, war die Inanspruchnahme einer Hilfsperson (§ 57 Abs. 1 Satz 2 AO). Die Einbindung einer Hilfsperson führte für die auftraggebende Körperschaft allerdings nur dann zu einer unmittelbaren eigenen Zweckverwirklichung, wenn das Wirken der Hilfsperson nach den tatsächlichen und rechtlichen Beziehungen, die zwischen Auftraggeber und Hilfsperson bestanden, wie ein eigenes Wirken der auftraggebenden Körperschaft anzusehen war.[1]

Die Finanzverwaltung hat im AEAO zu § 57 umfangreiche Anforderungen an eine solche Hilfspersonentätigkeit gestellt. Demnach muss eine Hilfsperson nach den **Weisungen** der auftraggebenden Körperschaft einen konkreten Auftrag ausführen. Das Tätigwerden der Hilfsperson muss also vom Willen der auftraggebenden Körperschaft ausgehen. In diesem Zusammenhang muss die auftraggebende Körperschaft in der Lage sein, den Inhalt und den Umfang der Tätigkeit der Hilfsperson im Innenverhältnis zu bestimmen.[2] Dazu werden bestenfalls entsprechende Vereinbarungen vorgehalten. Wird eine GmbH als Hilfsperson eingeschaltet, bietet sich insbesondere ein Beherrschungsvertrag als Nachweis des verlangten Abhängigkeitsverhältnisses an.[3] Weiterhin muss die Tätigkeit von der auftraggebenden Körperschaft **überwacht** werden und deren Satzungsbestimmungen entsprechen. Auch die ordnungsgemäße **Verwendung der Mittel** ist von der auftraggebenden Körperschaft sicherzustellen.[4]

Sind alle diese Voraussetzungen erfüllt, konnte für die auftraggebende Körperschaft von einer unmittelbaren Zweckverwirklichung ausgegangen werden, und zwar unabhängig davon, ob die Hilfsperson selbst eine steuerbegünstigte Körperschaft war. Damit konnte auch die Zusammenarbeit bspw. mit einer gewerblichen Körperschaft zu einer unmittelbaren Zweckverwirklichung bei der auftraggebenden Körperschaft führen. Es durfte sich allerdings auch im Rahmen dieser Kooperationen nicht um bloße Vorleistungen handeln.[5] Vielmehr musste die Hilfsperson selbst eine steuerbegünstigte Tätigkeit gegenüber dem begünstigten Personenkreis erbringen. Der BFH sah daher keine Hilfspersonentätigkeit bei einer GmbH, die Laborleistungen für ihre Gesellschafter – mehrere gemeinnützige Krankenhäuser – erbringt, weil die Leistungen nicht unmittel-

---

1 Vgl. AEAO zu § 57, Nr. 2.
2 Vgl. Buchna/Leichinger/Seeger/Brox, Gemeinnützigkeit im Steuerrecht, 11. Auflage, S. 191 ff.
3 Vgl. Schröder/Salzberger, Gemeinnützigkeitssteuerrecht – Die steuerbegünstigte und steuerpflichtige Hilfspersonen-GmbH, SteuK 2015 S. 369.
4 Vgl. AEAO zu § 57, Nr. 2 Satz 7.
5 Vgl. Holland, Kooperationen zwischen gemeinnützigen Organisationen – Neues zur Hilfsperson, DStR 2010 S. 2057.

bar gegenüber dem begünstigten Personenkreis, sondern gegenüber den Gesellschaftern erbracht wurden.[1]

Die Hilfspersonenregelung traf für sich genommen keine Aussage zur Zweckverwirklichung bei der Hilfsperson selbst. Der BFH hatte in diesem Zusammenhang – entsprechend der Verwaltungsauffassung – entschieden, dass das Wirken als Hilfsperson *nicht* im Rahmen einer spiegelbildlichen Betrachtung zu einer unmittelbaren Zweckverwirklichung und damit zur Gemeinnützigkeit der Hilfsperson führt.[2] Ausnahmsweise konnte jedoch auch das Wirken als Hilfsperson zur unmittelbaren Verwirklichung steuerbegünstigter Zwecke führen, wenn die eingeschaltete Körperschaft zugleich eigene steuerbegünstigte Satzungsziele verfolgte.[3] Diese eigenverantwortliche Zweckverwirklichung auf Ebene der Hilfsperson stand in einem gewissen Spannungsverhältnis zu der geforderten umfassenden Kontrolle durch die auftraggebende Körperschaft.[4]

Im Ergebnis ermöglichten die Regelungen zur Hilfsperson ein gemeinnützigkeitsrechtlich legitimes Zusammenwirken von (steuerbegünstigten) Körperschaften unter sehr engen Voraussetzungen. Die Einschaltung einer Hilfsperson war – aufgrund der ausgeprägten Kontroll- und Weisungsrechte der auftraggebenden Körperschaft – allerdings nicht zwischen gemeinnützigen Körperschaften „auf Augenhöhe" möglich. Hinzu kamen hohe Nachweispflichten, die jeglicher „spontanen" Zusammenarbeit einen Riegel vorschoben. Die Regelung eröffnete folglich zwar die Möglichkeit einer arbeitsteiligen Zusammenarbeit, dies war jedoch nur in einem sehr eingeschränkten Rahmen möglich. Insbesondere, weil auch relevante Vor- bzw. Funktionsleistungen nicht im Rahmen einer Hilfspersonentätigkeit erbracht werden konnten. Der Anwendungsbereich der Hilfspersonenregelung war daher nicht weit genug, um weitreichende Kooperationsbestrebungen zwischen (steuerbegünstigten) Körperschaften abzudecken.

d) Holdingstrukturen

Der Unmittelbarkeitsgrundsatz des § 57 Abs. 1 AO strahlte auch auf die in der Praxis beliebten Holdingstrukturen aus. Hintergrund war die Einordnung der von der Holding gehaltenen Beteiligungen in die Sphäre der Vermögensverwaltung. Damit führte allein das Halten von Beteiligungen an steuerbegünstigten Tochtergesellschaften für die Holding selbst nicht zu einer unmittelbaren Zweckverwirklichung i. S. d. § 57 Abs. 1 AO.[5] In dieser Konstellation wurden demnach lediglich die steuerbegünstigten Tochtergesellschaften unmittelbar gegenüber dem begünstigten Personenkreis tätig. An dieser Auf-

---

1 Vgl. BFH, Urteil v. 6.2.2013 - I R 59/11, BStBl 2013 II S. 603.
2 Vgl. hierzu und zum Folgenden: BFH, Urteil v. 7.3.2007 - I R 90/04, BStBl 2007 II S. 628.
3 Vgl. auch BFH, Urteil v. 17.2.2010 - I R 2/08, BStBl 2010 II S. 1006.
4 Vgl. Buchna/Leichinger/Seeger/Brox, Gemeinnützigkeit im Steuerrecht, 11. Auflage, S. 191.
5 Vgl. Scherff, Gemeinnützigkeitsrechtliche Aspekte in Holding-Strukturen, DStR 2003 S. 727.

fassung hielt die Finanzverwaltung auch dann fest, wenn die Holding umfangreiche Verwaltungsleistungen für ihre Tochtergesellschaften erbrachte oder diesen die für deren gemeinnützige Tätigkeit wesentliche Betriebsgrundlagen überlies. Die Ausgliederung von operativen Tätigkeiten auf selbständige Tochtergesellschaften führte daher zu einer akuten Gefährdung der Gemeinnützigkeit auf Ebene der Mutterkörperschaft.[1] Um den Status der Gemeinnützigkeit auf Ebene der Holding auf Dauer zu sichern, musste diese folglich auch weiterhin eine eigene steuerbegünstigte Zweckverwirklichung unterhalten und selbst unmittelbar tätig werden. Diese „künstliche" oder aufgezwungene eigene Zweckverwirklichung der Holding sicherte dann zwar die Gemeinnützigkeit der Körperschaft, führte aber oftmals zu einer nicht optimal ausgestalteten Konzernstruktur.

3. Zwischenfazit

Das Gebot der Unmittelbarkeit nach § 57 Abs. 1 AO zog in der Gesamtschau erhebliche Konsequenzen für die arbeitsteilige Zusammenarbeit steuerbegünstigter Körperschaften nach sich und führte unter Umständen dazu, dass Konzern- oder Kooperationsstrukturen – unter Inkaufnahme erheblicher Effizienzeinbußen – allein aufgrund dieser gemeinnützigkeitsrechtlichen Restriktion entsprechend aufwendig gestaltet bzw. umgestaltet werden mussten. Vor diesem Hintergrund stellte sich die Unmittelbarkeit als ein wesentliches Merkmal gemeinnütziger Tätigkeit dar, das es entsprechend umzusetzen galt. Die Herausforderung für steuerbegünstigte Körperschaften war folglich, das Erfordernis der unmittelbaren Zweckverwirklichung mit effizienten Kooperationsstrukturen und den dazugehörigen Gestaltungsfreiräumen in Einklang zu bringen. Die Antwort des Gesetzgebers findet sich nunmehr in § 57 Abs. 3 und 4 AO wieder. Nachfolgend soll zum einen die Systematik der Neuregelungen dargestellt als auch der Frage nachgegangen werden, inwieweit die Neuregelungen zu einer Verbesserung gegenüber der bisherigen Rechtslage führen.

V. § 57 Abs. 3 AO – Unmittelbarkeit von Kooperationen

Am 29.12.2020 ist der neue § 57 Abs. 3 AO mit folgendem Wortlaut in Kraft getreten:

„Eine Körperschaft verfolgt ihre steuerbegünstigten Zwecke auch dann unmittelbar im Sinne des Absatzes 1 Satz 1, wenn sie satzungsgemäß durch planmäßiges Zusammenwirken mit mindestens einer weiteren Körperschaft, die im Übrigen die Voraussetzungen

---

[1] Vgl. Hüttemann, Empfiehlt es sich, die rechtlichen Rahmenbedingungen für Gründung und Tätigkeit von Non-Profit-Organisationen übergreifend zu regeln?, NJW-Beil. 2018 S. 55.

der §§ 51 bis 68 erfüllt, einen steuerbegünstigten Zweck verwirklicht. Die §§ 14 sowie 65 bis 68 sind mit der Maßgabe anzuwenden, dass für das Vorliegen der Eigenschaft als Zweckbetrieb bei der jeweiligen Körperschaft die Tätigkeiten der nach Satz 1 zusammenwirkenden Körperschaften zusammenzufassen sind."

1. Grundgedanke – gemeinnützigkeitsrechtliche Organschaft?

§ 57 Abs. 3 AO soll laut Gesetzesbegründung ein steuerbegünstigtes arbeitsteiliges Zusammenwirken zur gemeinsamen Realisation eines steuerbegünstigten Zwecks ermöglichen.[1] Die Vorschrift selbst verlangt dazu, dass zwei steuerbegünstigte Körperschaften in der Weise zusammenarbeiten, dass dadurch ihre steuerbegünstigten Zwecke verwirklicht werden. Eine unmittelbare Zweckverwirklichung ist dabei auch dann gegeben, wenn die Körperschaften außerhalb der Kooperation nicht unmittelbar gegenüber dem begünstigten Personenkreis tätig werden. Im Ergebnis kommt es damit zu einer gemeinnützigkeitsrechtlichen Konsolidierung der Zweckverwirklichung beider Körperschaften. Ähnlich wie bei der umsatzsteuerlichen Organschaft werden die Beiträge der einzelnen Körperschaften zusammengefasst. Die gesellschaftsrechtliche Ausgestaltung bzw. die Wahl einer bestimmten Konzernstruktur hat demnach keine Auswirkungen mehr auf die gemeinnützigkeitsrechtliche Beurteilung einer Tätigkeit. Es kommt damit nicht mehr auf die Leistung der jeweiligen Körperschaft, sondern auf das Gesamtergebnis an.

Diese *wirtschaftliche Betrachtungsweise* wird sowohl bei entgeltlichen als auch bei unentgeltlichen Leistungsbeziehungen zur Anwendung kommen.[2] Dies ergibt sich auch aus § 57 Abs. 3 Satz 2 AO, welcher für die Sphäreneinordnung eine für alle partizipierenden Körperschaften einheitliche Anwendung der §§ 14 sowie 65 bis 68 AO vorsieht.

Voraussetzung für die Anwendung des § 57 Abs. 3 AO ist, dass durch ein **planmäßiges Zusammenwirken** mit einer **weiteren Körperschaft**, die die Anforderungen der §§ 51 bis 68 AO (bis auf die Unmittelbarkeit) erfüllt, die **eigenen** steuerbegünstigten Zwecke einer Körperschaft gefördert werden. Das planmäßige Zusammenwirken muss dabei **satzungsgemäß** erfolgen. Eine derartige Kooperation soll dann für sämtliche beteiligte Körperschaften einheitlich zu beurteilen sein, soweit sie im Übrigen die gemeinnützigkeitsrechtlichen Anforderungen erfüllen. § 57 Abs. 3 AO ermöglicht somit auch für bisher gewerbliche Servicegesellschaften eine steuerbegünstigte Zweckverwirklichung,

---

1 Vgl. BT-Drucks. 19/25160 S. 202.
2 Vgl. auch Hüttemann, Änderungen des Gemeinnützigkeits- und Spendenrechts durch das Jahressteuergesetz 2020, DB 2021 S. 72.

wenn sie die Voraussetzungen der AO-Mustersatzung erfüllen und über eine entsprechend ausgestaltete tatsächliche Geschäftsführung verfügen.

Die Regelung führt folglich zu einer deutlichen Erweiterung des bisherigen Unmittelbarkeitsgrundsatzes in § 57 Abs. 1 AO. Kooperationen können nunmehr in einem weitaus größeren Umfang als steuerbegünstigte Zweckverwirklichung angesehen und dadurch wesentlich vereinfacht werden.

2. Anwendungsbereich des § 57 Abs. 3 AO

Weder der Gesetzeswortlaut des § 57 Abs. 3 AO noch die Gesetzesbegründung liefern einen eindeutig abgrenzbaren Anwendungsbereich der Vorschrift. Zur Bestimmung des Anwendungsbereichs lässt sich aktuell insbesondere das Beispiel aus der Gesetzesbegründung heranziehen. Demnach ist für folgenden Fall von einem steuerbegünstigten „planmäßigen Zusammenwirken" auszugehen.

BEISPIEL GESETZESBEGRÜNDUNG ▶ Eine Krankenhaus gGmbH (Zweckbetrieb gem. § 67 AO) gliedert ihren zum Zweckbetrieb gehörenden Wäschereibetrieb auf eine (zunächst) gewerbliche Wäscherei-GmbH aus. Die Wäscherei-GmbH verfügt bei isolierter Betrachtungsweise nicht über eine ideelle oder zweckbetriebliche Tätigkeit und ist dementsprechend nicht gem. § 57 Abs. 1 AO unmittelbar tätig.

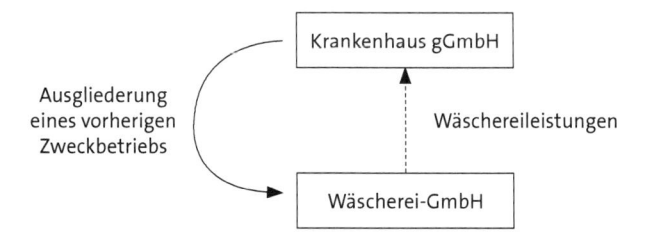

LÖSUNG NACH § 57 ABS. 3 AO ▶ Allein die Verschiebung einer Tätigkeit auf einen anderen Rechtsträger soll zukünftig nicht mehr zu einer abweichenden gemeinnützigkeitsrechtlichen Beurteilung führen. Hauptargument ist hier, dass die innerorganisatorischen Abläufe, Strukturen und Verbindungen unter den Beteiligten vor und nach der Ausgliederung im Wesentlichen identisch sind.[1] Im Ergebnis liegt demnach im Beispielsfall ein planmäßiges Zusammenwirken i. S. d. § 57 Abs. 3 AO und damit für beide Körperschaften ein steuerbegünstigter Zweckbetrieb gem. § 67 AO vor.

Für die Zuordnung der erbrachten Funktionsleistungen (siehe unter V.2.c)) zu den steuerlichen Sphären Zweckbetrieb, ideeller Bereich, Vermögensverwaltung oder steuerpflichtigem wirtschaftlichen Geschäftsbetrieb kommt es folglich auf eine **Gesamtbetrachtung** der erbrachten Leistungen an. Werden Leistungen außerhalb einer solchen

---
1 Vgl. BT-Drucks. 19/25160 S. 202.

Kooperation oder an Dritte (gewerbliche Unternehmen) erbracht, sollen die allgemeinen Grundsätze gelten. Insbesondere Leistungen an gewerbliche Dritte oder auch an gewerbliche Konzerngesellschaften würden demnach weiterhin einen steuerpflichtigen wirtschaftlichen Geschäftsbetrieb darstellen.

Die Reichweite des neuen § 57 Abs. 3 AO hängt demnach wesentlich von der Definition der Tatbestandsmerkmale ab. Verlangt wird die Verfolgung eigener steuerbegünstigter Zwecke (§ 57 Abs. 3 Satz 1 Halbsatz 1 AO). Gleichzeitig sieht § 57 Abs. 3 Satz 1 Halbsatz 2 AO vor, dass durch die Kooperation **ein** steuerbegünstigter Zweck verfolgt wird, der in der Satzung der Kooperationspartner abzubilden ist. Es ist davon auszugehen, dass es sich bei den durch das arbeitsteilige Zusammenwirken geförderten Zwecken zwingend um eigene Satzungszwecke der kooperierenden Körperschaften handeln muss. Aus der Formulierung der Vorschrift ist hingegen nicht eindeutig zu erkennen, ob auch eine abweichende Zweckverfolgung den Anforderungen des § 57 Abs. 3 AO genügen könnte. Aus Gründen der Rechtssicherheit empfiehlt es sich – bis zur Klarstellung durch die Finanzverwaltung im Rahmen des neuen AEAO oder eines BMF-Schreibens – in der Praxis jedoch aus Vorsichtsgründen zunächst eine (teilweise) Zweckidentität der zusammenwirkenden Körperschaften anzustreben. Dabei sollte insbesondere der durch die Kooperation zu verwirklichende Zweck in beiden Satzungen auftauchen (vgl. dazu ausführlich unter V.3.).

Ebenfalls auslegungsbedürftig ist der Begriff des planmäßigen Zusammenwirkens.

a) Begriff des planmäßigen Zusammenwirkens

Das von § 57 Abs. 3 AO verlangte planmäßige Zusammenwirken wird weder im Gesetz selbst noch in der Gesetzesbegründung definiert. Der Begriff der „**Planmäßigkeit**" findet sich allerdings ebenfalls in § 66 Abs. 2 AO im Rahmen der Legaldefinition der Wohlfahrtspflege.[1] In diesem Zusammenhang wird von einer planmäßigen Tätigkeit ausgegangen, wenn es sich um eine organisierte und auf Dauer angelegte Tätigkeit handelt.[2] Ein zufälliges oder spontanes Handeln soll daher nicht erfasst sein. Laut Duden kann unter „planmäßig" ein systematisches bzw. methodisches Vorgehen verstanden werden.[3] Demnach käme es lediglich auf die Beschaffenheit der Tätigkeit, nicht aber auf deren Intensität oder Dauer an.[4] Von einer Planmäßigkeit kann mithin ausgegangen werden, wenn es sich um ein **systematisches, zielgerichtetes Tätigwerden** handelt, wel-

---

1 Vgl. auch Seeger/Brox/Leichinger, Abgrenzung eines Erwerbsstrebens in der Wohlfahrtspflege, DStR 2018 S. 2002, 2005.
2 Vgl. hierzu und zum Folgenden: Droege in Winheller/Geibel/Jachmann-Michel, Gesamtes Gemeinnützigkeitsrecht, 2. Auflage 2020, § 66 AO Rz. 7; Koenig, AO, § 66 AO Rz. 4.
3 Dudenredaktion (o.J.): „planmäßig" auf Duden online, https://www.duden.de/synonyme/planmaeszig.
4 Ebenso Kirchhain, Im zweiten Anlauf durch die Hintertür: Umfassende Änderungen für gemeinnützige Organisationen und deren Förderer durch das JStG 2020, DStR 2021 S. 129.

ches von den Kooperationspartnern in dieser Form **gewollt** ist. In der Praxis stellt sich die Frage, ob ein Zusammenwirken überhaupt unplanmäßig denkbar ist, da ein solches vorher grundsätzlich der Abstimmung zwischen den Kooperationspartnern bedarf. Darüber hinaus lässt sich auch aus der Aufnahme der Leistung als Satzungszweck eine gewisse Planmäßigkeit ableiten.

Der Begriff des **Zusammenwirkens** scheint ohne eine gewisse Planmäßigkeit nicht auszukommen. Gemeint ist schlicht das gemeinsame, aufeinander abgestimmte Wirken von zwei oder mehreren gemeinnützigen Körperschaften zur Verfolgung einer ihrer Satzungszwecke. Weder das Gesetz noch die Gesetzesbegründung schränken diese weite Auslegung ein.[1] Soweit ein solches Zusammenwirken der Verwirklichung der Satzungszwecke dient, kann daher in dieser Hinsicht von einer Kooperation i. S. d. § 57 Abs. 3 AO ausgegangen werden. Vor diesem Hintergrund kann auch die gesellschaftsrechtliche Ausgestaltung einer solchen Kooperation nicht zu einer abweichenden gemeinnützigkeitsrechtlichen Beurteilung führen.

b) Gesellschaftsrechtliche Strukturen

Für die Annahme eines planmäßigen Zusammenwirkens kann es nicht auf die gesellschaftsrechtliche Verbundenheit der kooperierenden Körperschaften ankommen.[2] Der Gesetzeswortlaut verlangt lediglich die Zusammenarbeit mit einer „weiteren Körperschaft". Einzige Voraussetzung ist, dass diese Körperschaft abgesehen von der Unmittelbarkeit („im Übrigen"), die Anforderungen der §§ 51 bis 68 AO erfüllt. Eine bestimmte Beteiligungsstruktur wird demnach nicht vorausgesetzt.

Der Wäschereifall aus der Gesetzesbegründung stellt zwar konkret den Fall einer Ausgliederung mit anschließender Kooperation dar, diese Ausführungen können jedoch als bloße Beispielsanführung verstanden werden und schränken die Regelung daher inhaltlich nicht ein.[3] Damit kommt § 57 Abs. 3 AO vollkommen unabhängig von der gesellschaftsrechtlichen Verbundenheit der kooperierenden Gesellschaften zum Tragen. Es ist also weder erforderlich, dass die Körperschaften demselben Konzernverbund angehören, noch dass sie aneinander beteiligt sind. Denkbar wäre somit auch die Kooperation von zwei Stiftungen oder Vereinen.[4] Eine bestimmte enge Verbundenheit der beteiligten Körperschaften, zum Beispiel durch Angehörigkeit zum gleichen Spitzenverband oder Ähnliches, lässt sich aus der gesetzlichen Regelung ebenfalls nicht ableiten.

---

1 So auch Hüttemann, Änderungen des Gemeinnützigkeits- und Spendenrechts durch das Jahressteuergesetz 2020, DB 2021 S. 72.
2 Ebenso Kirchhain, Im zweiten Anlauf durch die Hintertür: Umfassende Änderungen für gemeinnützige Organisationen und deren Förderer durch das JStG 2020, DStR 2021 S. 129.
3 Vgl. auch Exner, Aktuelles zum Gemeinnützigkeitsrecht aus Sicht der Finanzverwaltung, npoR 2021 S. 63.
4 Vgl. auch Hüttemann, Änderungen des Gemeinnützigkeits- und Spendenrechts durch das Jahressteuergesetz 2020, DB 2021 S. 72.

c) Funktionsleistungen

Die weite Auslegung des Gesetzeswortlauts gilt ebenso für die Frage, ob die Erweiterung des Unmittelbarkeitsgrundsatzes durch § 57 Abs. 3 AO auf bestimmte Tätigkeiten beschränkt ist. In der Gesetzesbegründung heißt es schlicht:

*„**Leistungen**, die in Verwirklichung des gemeinsamen Zwecks im Rahmen eines wirtschaftlichen Geschäftsbetriebs erfolgen, werden innerhalb eines Zweckbetriebs erbracht, wenn die gesetzlichen Voraussetzungen der §§ 65 ff. AO erfüllt sind. Für die Prüfung der Voraussetzungen des Zweckbetriebs im Sinne der §§ 65 ff. AO sind die aufgrund des planmäßigen Zusammenwirkens ausgeübten Tätigkeiten aller beteiligten Körperschaften in ihrer Gesamtheit zu beurteilen."*[1]

Demnach kann es nicht auf die Art der Leistung ankommen, sondern nur darauf, ob sie bei einer Gesamtbetrachtung dem Zweckbetrieb bzw. ideellen Bereich zuzuordnen ist. Diese in der Gesetzesbegründung vorgesehene ergebnisorientiere Betrachtungsweise führt dazu, dass sämtliche Leistungsbeziehungen zwischen steuerbegünstigten Körperschaften zu einer unmittelbaren Zweckverwirklichung führen können, wenn sie *Bestandteil* einer gemeinnützigen Zweckverwirklichung sind. Dabei kann der Grundsatz gelten, dass Leistungen, die bei einer steuerbegünstigten Körperschaft im Zweckbetrieb anfallen, auch dann dem Zweckbetrieb zuzuordnen sind, wenn die einzelnen Leistungselemente von unterschiedlichen steuerbegünstigten Körperschaften zur gemeinsamen Zweckverwirklichung erbracht werden.

Der in der Gesetzesbegründung verwendete Begriff „Leistungen" spricht ebenfalls für dieses Verständnis, denn der Leistungsbegriff ist umfassend. Erfasst sind sowohl Leistungen, die spezifisch für die Zweckverwirklichung sind wie bspw. Laborleistungen, als auch klassische Vorleistungen wie bspw. Verwaltungs- oder Beschaffungsleistungen.[2] Es kann ebenfalls nicht darauf ankommen, ob es sich um Dienstleistungen, Nutzungsüberlassungen oder Lieferungen handelt, wenn die Leistungen im Ergebnis Bestandteil einer Zweckverwirklichung sind.[3] Beispiele für Funktionsleistungen i. S. d. § 57 Abs. 3 AO sind:

▶ Medikamentenlieferungen im Krankenhaus
▶ Überlassung von Räumlichkeiten z. B. für einen Kindergarten oder Altenheim
▶ Überlassungen von beweglichen Wirtschaftsgütern z. B. Röntgengeräten
▶ Verpflegungsleistungen an ein Altenheim

---

1 BT-Drucks. 19/25160 S. 202.
2 Vgl. auch Exner, Aktuelles zum Gemeinnützigkeitsrecht aus Sicht der Finanzverwaltung, npoR 2021 S. 63.
3 Vgl. auch Hüttemann, Änderungen des Gemeinnützigkeits- und Spendenrechts durch das Jahressteuergesetz 2020, DB 2021 S. 72 – hält auch Finanzierungsfunktionen für begünstigungsfähig.

- ▶ Verwaltungsleistungen
- ▶ Buchführungsleistungen, Lohn- und Gehaltsabrechnung
- ▶ IT
- ▶ Übernahme der Geschäftsführung, Managementleistungen
- ▶ Energielieferungen
- ▶ Reinigungsleistungen z. B. für ein Krankenhaus
- ▶ Zentrale Krankenhausapotheke, die verschiedene Krankenhäuser beliefert

Der Leistungskatalog verdeutlicht auf den ersten Blick, dass zukünftig weitaus mehr Tätigkeiten dem Zweckbetrieb zugeordnet werden können.

d) Bedeutung für die Hilfspersonenregelung

Trotz des weiten Anwendungsbereichs des neu geschaffenen § 57 Abs. 3 AO sind nicht sämtliche Fallgestaltungen der Hilfspersonenregelung umfasst. Dass die Hilfspersonenregelung weiterhin im Gesetz zu finden ist, ist somit folgerichtig. Inhaltlich kommt es dennoch zu zahlreichen Abgrenzungsfragen.

Wesentliche Unterschiede zwischen einem planmäßigen Zusammenwirken und einer Hilfspersonentätigkeit ergeben sich insbesondere hinsichtlich der Rechtsfolgen. Die Hilfspersonenregelung führt lediglich für die auftraggebende Körperschaft zwangsläufig zu einer unmittelbaren Zweckverwirklichung (vgl. unter IV.2.c). Die Hilfsperson selbst kann durch ihre Hilfspersonentätigkeit an sich nicht den Gemeinnützigkeitsstatus erlangen. § 57 Abs. 3 AO führt hingegen für alle beteiligten Körperschaften zum selben Ergebnis, so dass auch über ein planmäßiges Zusammenwirken die Voraussetzungen für die Anerkennung der Gemeinnützigkeit vorliegen können, wenn dies die einzige Tätigkeit einer Körperschaft ist. Auch hinsichtlich der erfassten Leistungen ist § 57 Abs. 3 AO deutlich weiter gefasst, da sämtliche Funktionsleistungen (vgl. unter V.2.c)) inbegriffen sind, während die Hilfspersonentätigkeit die bloße Erbringung von Vorleistungen ausschließt (vgl. unter IV.2.c)). § 57 Abs. 3 AO kann somit auch für Konstellationen infrage kommen, bei denen ein Kooperationspartner ausschließlich Vorleistungen für den Anderen erbringt und nicht selbst gegenüber dem begünstigten Personenkreis tätig wird. Soweit die Leistungen schlussendlich Bestandteil einer steuerbegünstigten Zweckverwirklichung sind, verwirklichen beide Kooperationspartner ihre steuerbegünstigten Zwecke unmittelbar.

Die Unterscheidung zwischen planmäßigem Zusammenwirken und Hilfspersonentätigkeit hat außerdem Auswirkungen auf die Ausgestaltung der Kooperationen. Arbeiten gemeinnützige Körperschaften planmäßig i. S. d. § 57 Abs. 3 AO zusammen, können sie dies eigenverantwortlich „auf Augenhöhe" tun, ohne dass ein Über-/Unterordnungsverhältnis erforderlich ist. Die Hilfspersonenregelung verlangt hingegen stark ausgeprägte Kontroll- und Weisungsrechte der auftraggebenden Körperschaft (vgl. unter IV.2.c)). Ebenfalls zu beachten ist, dass § 57 Abs. 3 AO zwei Körperschaften erfordert, die die Voraussetzungen der §§ 51 bis 68 AO erfüllen. Die Hilfspersonenregelung des § 57 Abs. 1 Satz 2 AO ermöglicht auch Kooperationen mit gewerblichen Körperschaften. Zukünftig dürfte die eigene Zweckverwirklichung einer steuerbegünstigten Körperschaft unter Zuhilfenahme einer gewerblichen Hilfsperson einer der Hauptanwendungsfälle der Hilfspersonenregelung sein. Kooperationen zwischen gemeinnützigen Körperschaften dürften sich dagegen über § 57 Abs. 3 AO wesentlich effizienter ausgestalten lassen.

Zu klären ist, welche Anforderungen an die Satzungen der kooperierenden Körperschaften hierzu gestellt werden.

3. Satzungsvoraussetzungen

In § 57 Abs. 3 Satz 1 AO heißt es:

*„Eine Körperschaft verfolgt **ihre** steuerbegünstigten Zwecke auch dann unmittelbar im Sinne des Absatzes 1 Satz 1, wenn sie **satzungsgemäß** durch planmäßiges Zusammenwirken mit mindestens einer weiteren Körperschaft, die im Übrigen die Voraussetzungen der §§ 51 bis 68 erfüllt, **einen** steuerbegünstigten Zweck verwirklicht."*

Demnach muss sich das planmäßige Zusammenwirken mit einer anderen (ansonsten) steuerbegünstigten Körperschaft aus der Satzung ergeben.[1] Im Gesetz bzw. der Gesetzesbegründung finden sich keine Hinweise darauf, in welcher Form das planmäßige Zusammenarbeiten in der jeweiligen Satzung geregelt werden muss. Eine Änderung der AO-Mustersatzung ist in diesem Zusammenhang ebenfalls bislang unterblieben. Angesichts der anhaltenden Rechtsstreitigkeiten zwischen Finanzverwaltung und Steuerpflichtigen hinsichtlich der treffenden Umsetzung der AO-Mustersatzung verwundert diese Unbestimmtheit.[2] Für die Handhabung in der Praxis wäre sicherlich eine eindeutige Satzungsvorgabe wünschenswert gewesen. Ohne konkrete Vorgaben sollten seitens der Finanzverwaltung keine hohen Anforderungen an eine Satzungsklausel gestellt werden.

Letztlich muss aus der Satzung einer kooperierenden Körperschaft hervorgehen, dass diese ihre Satzungszwecke auch durch ein planmäßiges Zusammenwirken mit anderen steuerbegünstigten Körperschaften verwirklich kann. Dabei sollte das Bestimmtheits-

---

[1] Ebenso Kirchhain, Im zweiten Anlauf durch die Hintertür: Umfassende Änderungen für gemeinnützige Organisationen und deren Förderer durch das JStG 2020, DStR 2021 S. 129.

[2] Vgl. nur FG Hessen, Urteil v. 28.6.2017 - 4 K 917/16 sowie FG Hessen, Urteil v. 26.2.2020 - 4 K 594/18, Rev. eingelegt, Az. BFH: V R 11/20; vgl. auch Weitemeyer, Fallstricke der gGmbH, GmbHR 2021 S. 57 ff.

V. § 57 Abs. 3 AO – Unmittelbarkeit von Kooperationen

gebot des § 60 Abs. 1 Satz 1 AO beachtet werden. Demzufolge ist die Art der Zweckverwirklichung so genau zu bestimmen, dass aufgrund der Satzung geprüft werden kann, ob die satzungsmäßigen Voraussetzungen für Steuervergünstigungen gegeben sind. Als Art der Zweckverwirklichung sollte das planmäßige Zusammenwirken mit einer weiteren Körperschaft daher in der Satzung auch inhaltlich beschrieben werden.[1] Dabei kann es jedoch nicht auf eine Aufzählung der einzelnen Kooperationsleistungen ankommen, da ansonsten mit jeder Leistungsänderung auch eine Anpassung der Satzung einhergehen müsste. Vielmehr sollte ein allgemeiner Passus zum planmäßigen Zusammenwirken und zum Leistungsbegriff ausreichen. Eine abschließende Auflistung der Tätigkeitsfelder kann dabei ebenso wenig verlangt werden wie die Benennung der konkreten Kooperationspartner.[2] Die Aufnahme des planmäßigen Zusammenwirkens in die Satzung einer *bereits gemeinnützigen* Körperschaft sollte vielmehr dazu führen, dass sie all ihre Zwecke auch durch ein arbeitsteiliges Zusammenwirken mit anderen steuerbegünstigten Körperschaften erfüllen kann. Das planmäßige Zusammenwirken kommt dann als gesonderte Möglichkeit der Zweckverwirklichung zu den bisherigen Tätigkeiten der gemeinnützigen Körperschaft hinzu. Die Forderung nach einer detaillierten Beschreibung der Art der Zweckverwirklichung kann damit weiterhin als erfüllt angesehen werden, wenn sich aus der Satzung erkennen lässt, wie die Zweckverwirklichung erreicht werden soll.[3]

Neben den bereits gemeinnützigen Körperschaften, die das planmäßige Zusammenwirken nun noch zusätzlich zur bisherigen Zweckverwirklichung aufnehmen können, wird es auch eine Vielzahl *gewerblicher Servicegesellschaften* geben, die nunmehr die Gemeinnützigkeit erstmalig anstreben. Die Gesellschaftsverträge dieser Gesellschaften müssen dazu umfassend überarbeitet werden.[4] Neben dem Satzungspassus zum planmäßigen Zusammenwirken sind auch sämtliche Anforderungen der AO-Mustersatzung umzusetzen. Die Zweckverwirklichung wird hier wohl oftmals durch die Erbringung von klassischen Vorleistungen wie etwa Reinigungsleistungen, Wäschereileistungen, Zentraleinkauf etc. erfolgen. Dabei handelt es sich um Leistungen, die auch von anderen gewerblichen Unternehmen angeboten werden. Es könnte somit eine wettbewerbsähnliche Situation entstehen. Vor diesem Hintergrund muss aus der Satzung einer ehemals gewerblichen Servicegesellschaft eindeutig zu erkennen sein, dass die Förderung der Allgemeinheit und nicht der Wettbewerb zu anderen Unternehmen den Zweck der Ge-

---

1 Vgl. Bartmuß/Werner in Winheller/Geibel/Jachmann-Michel, Gesamtes Gemeinnützigkeitsrecht, 2. Auflage 2020, § 60, Rz. 8.
2 So auch Hüttemann, Änderungen des Gemeinnützigkeits- und Spendenrechts durch das Jahressteuergesetz 2020, DB 2021 S. 72.
3 Vgl. Buchna/Leichinger/Seeger/Brox, Gemeinnützigkeit im Steuerrecht, 11. Auflage, S. 229.
4 Vgl. auch Exner, Aktuelles zum Gemeinnützigkeitsrecht aus Sicht der Finanzverwaltung, npoR 2021 S. 63.

sellschaft ausmacht.[1] Dazu sollten die geplanten Funktionsleistungen sowie ihr Einsatz für steuerbegünstigte Zwecke aus der Satzung hervorgehen.

a) Satzungszwecke

Da es sich bei § 57 Abs. 3 AO um eine Art der Zweckverwirklichung und nicht um einen eigenen Satzungszweck handelt, muss die Satzung der kooperierenden Körperschaft auch weiterhin zumindest einen Zweck i. S. d. § 52 Abs. 2 AO enthalten. Es wird zu diskutieren sein, ob die Satzungen der kooperierenden Körperschaften zweckidentisch sein müssen. Dem Gesetzeswortlaut lässt sich keine zwingende Zweckidentität entnehmen. Auch die Finanzverwaltung hat sich bislang nicht dazu geäußert, ob Kooperationsleistungen nur dann als unmittelbare Zweckverwirklichung anzusehen sind, wenn sie für eigene Zwecke des Leistungserbringers genutzt werden. § 57 Abs. 3 Satz 1 AO gibt lediglich vor, dass *ein* steuerbegünstigter Zweck verwirklicht werden muss. Diese Lesart würde dazu führen, dass die Erbringung von Funktionsleistungen auch dann zu einer unmittelbaren Zweckverwirklichung bei der erbringenden Körperschaft führt, wenn ihre Leistungen zur Verwirklichung satzungsfremder Zwecke eingesetzt werden. Eine Präzisierung seitens der Finanzverwaltung wäre an dieser Stelle wünschenswert.

Unabhängig von den Satzungsanforderungen, die sich geradewegs aus § 57 Abs. 3 AO ableiten lassen, sollten sich aus Gründen der Satzungsklarheit, die von der Körperschaft verwirklichten Zwecke auch in der Satzung wiederfinden. In der Praxis sollte es daher zumindest zu einer partiellen Zweckidentität der kooperierenden Körperschaften kommen. Körperschaften, die ausschließlich Funktionsleistungen an andere steuerbegünstigte Körperschaften erbringen, sollten in besonderem Maße darauf achtgeben, dass die von ihnen erbrachten Leistungen auch tatsächlich für Zwecke eingesetzt werden, die sich auch aus der eigenen Satzung ergeben.

BEISPIEL SATZUNGSZWECKE ▶ Eine Krankenhaus gGmbH hat zum Betrieb der Zentralküche eine gewerbliche Tochtergesellschaft (Küchen GmbH) gegründet. Diese beliefert seit ihrer Gründung ausschließlich die Krankenhaus gGmbH. Im Januar 2021 wird die Küchen GmbH als gemeinnützige GmbH ausgestaltet (inkl. Satzungspassus zu § 57 Abs. 3 AO). Satzungszweck ist allein die Förderung des öffentlichen Gesundheitswesens. Im März 2021 wird mit dem örtlichen gemeinnützigen Kindergarten ein Vertrag über die werktägliche Versorgung mit Speisen abgeschlossen.

---

[1] Vgl. auch Buchna/Leichinger/Seeger/Brox, Gemeinnützigkeit im Steuerrecht, 11. Auflage, S. 230.

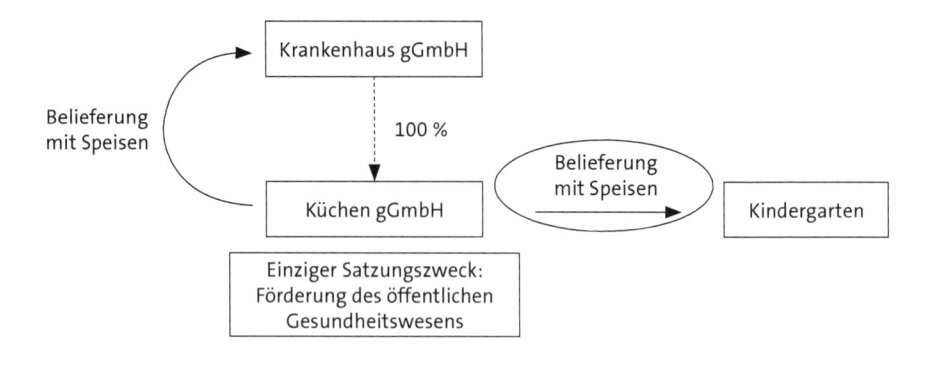

V. § 57 Abs. 3 AO – Unmittelbarkeit von Kooperationen

```
                    ┌──────────────────┐
              ┌────▶│ Krankenhaus gGmbH│
              │     └──────────────────┘
Belieferung   │              ┊
mit Speisen   │          100 %
              │              ▼
              │     ┌──────────────────┐      Belieferung
              │     │                  │      mit Speisen      ┌─────────────┐
              └─────│  Küchen gGmbH    │─────────────────────▶ │ Kindergarten│
                    └──────────────────┘                       └─────────────┘

                    ┌──────────────────────┐
                    │ Einziger Satzungszweck:│
                    │ Förderung des öffentlichen│
                    │ Gesundheitswesens    │
                    └──────────────────────┘
```

PROBLEMSTELLUNG ▶ Mit der Belieferung der Krankenhaus gGmbH erfüllt die Küchen gGmbH unstreitig durch planmäßiges Zusammenwirken ihre satzungsmäßigen Zwecke. Die Belieferung des Kindergartens stellt zwar den Bestandteil einer steuerbegünstigten Zweckverwirklichung dar (Kinder- und Jugendhilfe), entspricht allerdings nicht den eigenen Satzungszwecken der Küchen gGmbH. Allein der Wortlaut des § 57 Abs. 3 AO führt an dieser Stelle nicht zwingend zu Problemen. Das Gebot der Satzungsbestimmtheit verlangt jedoch, dass die angestrebte Zweckverwirklichung aus der Satzung hervorgeht.

Das Beispiel zeigt, dass der Ausgestaltung der Satzung auch in Kooperationsfällen eine enorme Bedeutung zukommt. Die Küchen gGmbH könnte sich in diesem Fall absichern, indem sie auch die Förderung der Kinder- und Jugendhilfe als Satzungszweck mitaufnimmt. Für die Praxis wird es wohl darauf ankommen, vor Umgestaltung der Satzung die (möglichen) Tätigkeitsfelder der jeweiligen Körperschaft zu identifizieren und entsprechend in der Satzung abzubilden. Schwierigkeiten können sich insbesondere bei Stiftungen ergeben, da für eine Zweckerweiterung i. d. R. auch die zuständige Stiftungsaufsicht ihre Zustimmung erteilen muss. Dies gilt allerdings ebenso für die Verfolgung von (gemeinnützigen) Zwecken, die sich nicht aus der Stiftungssatzung ergeben.

In dem Beispiel sollte sich jedoch nicht nur die Küchen gGmbH durch eine Satzungsklausel und entsprechende Zwecke absichern. Auch die Leistungsempfängerin – in diesem Fall also die Krankenhaus gGmbH – sollte einen Passus in ihre Satzung aufnehmen, der das planmäßige Zusammenwirken mit anderen steuerbegünstigten Körperschaften regelt. Wenn keine regelmäßigen eigenen Leistungen an andere Körperschaften geplant sind, erscheint hier eine Kann-Regelung sinnvoll. Ist die Körperschaft lediglich Leistungsempfängerin der Funktionsleistungen, kann eine Konkretisierung dieser Leistungen u. E. entfallen. In diesem Fall würde ein allgemeiner Passus zu § 57 Abs. 3 AO ausreichen. Es ergibt sich folgendes Bild:

3. Satzungsvoraussetzungen

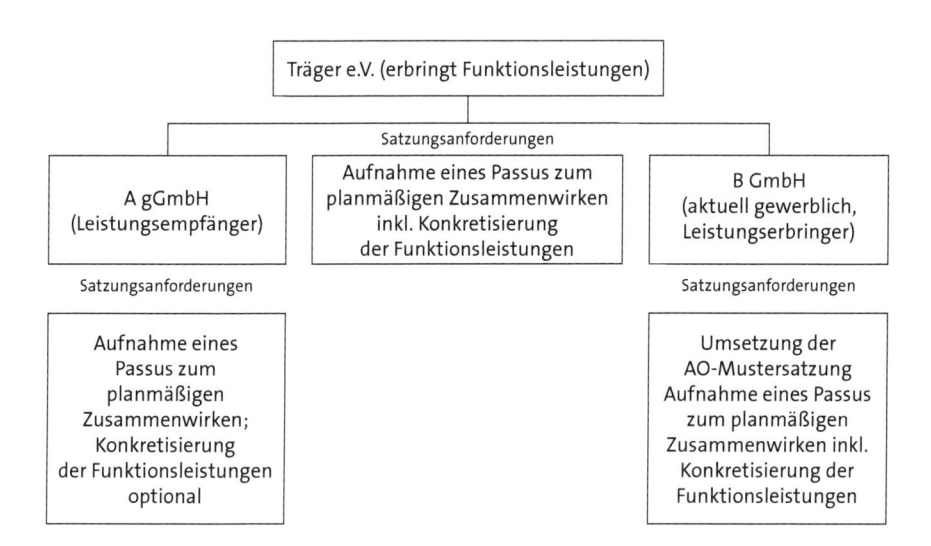

```
                    Träger e.V. (erbringt Funktionsleistungen)
                              Satzungsanforderungen
    A gGmbH              Aufnahme eines Passus zum              B GmbH
(Leistungsempfänger)    planmäßigen Zusammenwirken        (aktuell gewerblich,
                              inkl. Konkretisierung         Leistungserbringer)
                             der Funktionsleistungen

 Satzungsanforderungen                                    Satzungsanforderungen

   Aufnahme eines                                             Umsetzung der
     Passus zum                                              AO-Mustersatzung
    planmäßigen                                           Aufnahme eines Passus
   Zusammenwirken;                                           zum planmäßigen
    Konkretisierung                                       Zusammenwirken inkl.
 der Funktionsleistungen                                  Konkretisierung der
       optional                                             Funktionsleistungen
```

Die Satzungsklausel zum planmäßigen Zusammenwirken sollte bereits sicherstellen, dass die erbrachten Funktionsleistungen beim Leistungsempfänger zur Verwirklichung steuerbegünstigter Zwecke eingesetzt werden müssen. Soweit Leistungen nicht für die Verwirklichung eines steuerbegünstigten Zwecks eingesetzt werden, sondern beispielsweise im steuerpflichtigen wirtschaftlichen Geschäftsbetrieb der Empfängerkörperschaft, handelt es sich insoweit auch bei dem Leistenden um einen steuerpflichtigen wirtschaftlichen Geschäftsbetrieb. Daher müssen die leistenden Körperschaften sicherstellen, dass bzw. inwiefern ihre Leistungen einem steuerbegünstigten Zweck zugutekommen. Die Nachweisführung wird an dieser Stelle sehr aufwendig, wenn Leistungen an unverbundene bzw. konzernfremde Körperschaften erfolgen. Hinsichtlich dieser Nachweispflichten könnte auf den neuen § 58a AO zurückgegriffen werden.[1] § 58a AO wurde ebenfalls mit dem JStG 2020 in das Gesetz eingefügt und etabliert einen Vertrauensschutz für Fälle der Mittelweitergabe. Die Regelung sieht vor, dass Geberkörperschaften auf die ordnungsmäßige Verwendung der Mittel vertrauen dürfen, wenn sie sich die Steuerbegünstigung der Empfängerkörperschaft nachweisen lassen (vgl. ausführlich unter VII.5.). Eine analoge Anwendung dieser Regelung scheint auch im Zusammenhang mit der Erbringung von Funktionsleistungen an andere steuerbegünstigte Körperschaften sinnvoll. Die leistende Körperschaft sollte daher – insbesondere bei umfangreicheren Kooperationsleistungen – einen Nachweis über die Steuerbegünstigung der Empfängerkörperschaft einfordern. Der Rückgriff auf § 58a AO kann aktuell allerdings nur hilfsweise erfolgen. Die bestehende

---

[1] Vgl. auch Kirchhain, Im zweiten Anlauf durch die Hintertür: Umfassende Änderungen für gemeinnützige Organisationen und deren Förderer durch das JStG 2020, DStR 2021 S. 129.

Rechtsunsicherheit sollte zeitnah durch eine Anpassung im AEAO oder ein entsprechendes BMF-Schreiben behoben werden.

b) Zeitliche Wirkung der Satzungsanpassung

Mit der Satzungsanpassung stellt sich auch die Frage, ab wann die Aufnahme eines entsprechenden Passus zu § 57 Abs. 3 AO zu einer eigenen Zweckverwirklichung bei der leistenden Körperschaft führt. Hier ist zu unterscheiden, ob eine bereits gemeinnützige Körperschaft lediglich das planmäßige Zusammenwirken neu in ihre Satzung aufnimmt oder ob eine bisher gewerbliche Körperschaft durch eine Satzungsumstellung in die Gemeinnützigkeit überführt wird. In beiden Fällen gilt, dass eine Satzungsänderung bei Kapitalgesellschaften und Vereinen erst dann zivilrechtliche Wirksamkeit entfaltet, wenn sie ins Handels- oder Vereinsregister eingetragen ist.[1]

Für bisher *gewerbliche Servicegesellschaften*, die Funktionsleistungen an andere steuerbegünstigte Gesellschaften erbringen, kann eine entsprechende Umgestaltung des Gesellschaftsvertrages zur Anerkennung der Gemeinnützigkeit führen. Neben den Anforderungen der AO-Mustersatzung muss auch ein Passus zum planmäßigen Zusammenwirken aufgenommen werden (siehe oben). Die Anpassung der Gesellschaftsverträge im Laufe des Jahres 2021 führt für die Servicegesellschaften aufgrund von § 60 Abs. 2 AO nicht augenblicklich zu einer Steuerbegünstigung.[2] § 60 Abs. 2 AO sieht vor, dass die gemeinnützigkeitsrechtlichen Satzungserfordernisse während des ganzen Veranlagungszeitraums vorgelegen haben müssen.[3] Eine unterjährige Satzungsanpassung kann diese Forderung nicht für den ganzen Veranlagungszeitraum erfüllen und führt somit erst im darauffolgenden Jahr zur Anerkennung der Gemeinnützigkeit.[4] Im Ergebnis können Servicegesellschaften, die ihre Gesellschaftsverträge im Laufe des Jahres 2021 anpassen, erst ab dem Veranlagungszeitraum 2022 als gemeinnützige Körperschaften anerkannt werden. Die Regelung des § 60 Abs. 2 AO führt in diesem Zusammenhang zu einer erheblichen Verzögerung der Anwendbarkeit des neuen § 57 Abs. 3 AO. Wünschenswert wäre hier eine Billigkeitsregelung, die für entsprechende Satzungsänderungen im Jahr 2021 eine Rückwirkung auf den 1.1.2021 fingiert.

Alternativ könnte hier von Unternehmen in Betracht gezogen werden, ein (einmaliges) abweichendes Wirtschaftsjahr zu beantragen.[5] Entscheidet sich eine gewerbliche Körperschaft nach Eintragung der geänderten und nunmehr gemeinnützigkeitsrechtlich

---

1 Vgl. Buchna/Leichinger/Seeger/Brox, Gemeinnützigkeit im Steuerrecht, 11. Auflage, S. 36.
2 Vgl. auch Kirchhain, Im zweiten Anlauf durch die Hintertür: Umfassende Änderungen für gemeinnützige Organisationen und deren Förderer durch das JStG 2020, DStR 2021 S. 129.
3 Vgl. AEAO zu § 60, Nr. 7.
4 Vgl. AEAO zu § 60, Nr. 8 Abs. 2.
5 § 4a Abs. 2 Nr. 2 EStG, § 8b Satz 2 Nr. 2 EStDV.

ausgestalteten Satzung, für ein, im Monat nach der Eintragung beginnendes abweichendes Wirtschaftsjahr, kann sie ab diesem Zeitpunkt als gemeinnützig anerkannt werden. Dieses Vorgehen sollte im Vorfeld mit der Finanzverwaltung abgestimmt werden, da diese dem abweichenden Wirtschaftsjahr zustimmen muss. Die Zustimmung kann dabei nur erteilt werden, wenn die Umstellung des Wirtschaftsjahres auf in der Organisation des Betriebs gelegenen gewichtige Gründe zurückzuführen ist.[1] Steuerliche Vorteile allein genügen somit nicht, um ein abweichendes Wirtschaftsjahr zu begründen. Es sollten bestenfalls weitere Gründe vorliegen, die ein abweichendes Wirtschaftsjahr erforderlich machen.

Für Körperschaften, die bereits als *gemeinnützig* anerkannt sind, greifen die Restriktionen des § 60 Abs. 2 AO nicht. Denn in diesen Fällen sind die gemeinnützigkeitsrechtlich erforderlichen Regelungen bereits in der Satzung enthalten und liegen damit während des gesamten Veranlagungszeitraums vor. Es geht also nicht darum, dass eine Körperschaft erstmalig als gemeinnützig anerkannt wird, sondern lediglich um eine Erweiterung hinsichtlich der Art der Zweckverwirklichung. Die Aufnahme eines Satzungspassus zum planmäßigen Zusammenarbeiten sollte daher spätestens mit zivilrechtlicher Wirksamkeit dazu führen, dass Funktionsleistungen, die im Rahmen einer arbeitsteiligen Zusammenarbeit erbracht werden, im Zweckbetrieb anfallen.

Sowohl die Satzungsänderungen der (bislang) gewerblichen Servicegesellschaften als auch die der bereits gemeinnützigen Körperschaften sollten vorab mit der Finanzverwaltung abgestimmt werden. Die Einholung auch einer unverbindlichen Einverständniserklärung kann – neben einer gewissen Planungssicherheit – auch das Eintragungsverfahren bei den Registergerichten vereinfachen. Sobald die Satzungen entsprechend eingetragen sind, kann die gesonderte Feststellung der satzungsmäßigen Voraussetzungen gem. § 60a AO beantragt werden. Für die (noch) gewerblichen Gesellschaften kann ein § 60a-Bescheid ebenfalls bereits nach der Eintragung erfolgen. Soweit keine Billigkeitsregelung ergeht, ist davon auszugehen, dass im Bescheid selbst darauf hingewiesen wird, dass die Gemeinnützigkeit erst ab dem Folgejahr zu gewähren ist.

4. Folgen für die Praxis

Die schon im Zusammenhang mit der Satzungsanpassung getroffene Unterscheidung zwischen bereits gemeinnützigen Körperschaften und (bislang) gewerblichen Servicegesellschaften ist auch für die gemeinnützigkeitsrechtlichen Folgen eines planmäßigen Zusammenwirkens von Bedeutung. Daher werden im Folgenden beide Anwendungsfälle des neuen § 57 Abs. 3 AO getrennt voneinander dargestellt.

---

1 Vgl. H 4a EStH, Stichwort „Zustimmungsbedürftige Umstellung des Wirtschaftsjahrs".

a) Konsequenzen für bereits gemeinnützige Körperschaften

Körperschaften, die schon als gemeinnützig anerkannt sind, verfügen bereits über eine etablierte Sphärenbetrachtung. Die Tätigkeiten dieser Körperschaften sind nach den allgemeinen Grundsätzen einer der vier gemeinnützigkeitsrechtlichen Sphären zuzuordnen:

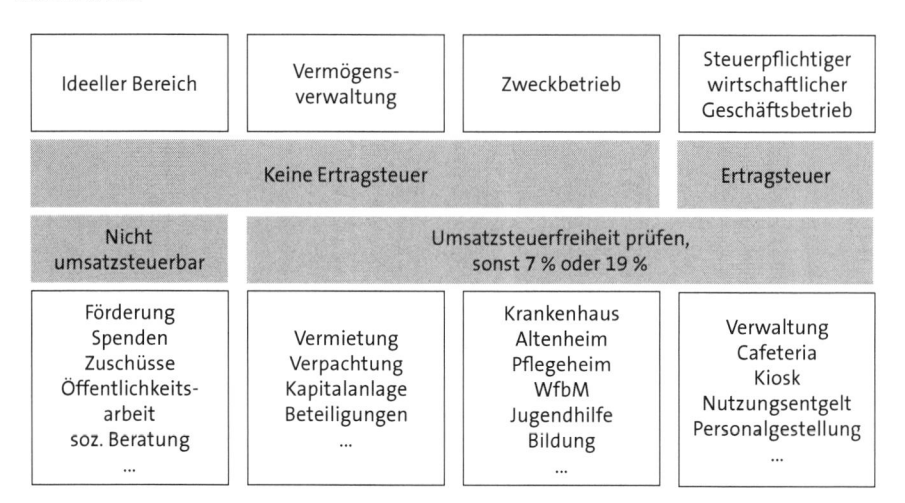

Ideeller Bereich	Vermögens-verwaltung	Zweckbetrieb	Steuerpflichtiger wirtschaftlicher Geschäftsbetrieb
Keine Ertragsteuer			Ertragsteuer
Nicht umsatzsteuerbar	Umsatzsteuerfreiheit prüfen, sonst 7 % oder 19 %		
Förderung Spenden Zuschüsse Öffentlichkeits-arbeit soz. Beratung ...	Vermietung Verpachtung Kapitalanlage Beteiligungen ...	Krankenhaus Altenheim Pflegeheim WfbM Jugendhilfe Bildung ...	Verwaltung Cafeteria Kiosk Nutzungsentgelt Personalgestellung ...

Die Anwendung des neuen § 57 Abs. 3 AO wird für gemeinnützige Körperschaften, die planmäßig mit anderen gemeinnützigen Körperschaften zusammenwirken, zukünftig erhebliche Auswirkungen auf die Sphärenzuordnung haben. § 57 Abs. 3 AO führt zu einer unmittelbaren Zweckverwirklichung für sämtliche an der Kooperation beteiligte Körperschaften. In der Folge sind – bei Anwendung der Neuregelung – auch sämtliche Kooperationen gemeinnützigkeitsrechtlich neu zu bewerten. Auswirkungen ergeben sich insbesondere für die Tätigkeiten, die zuvor dem steuerpflichtigen wirtschaftlichen Geschäftsbetrieb oder der Vermögensverwaltung zugeordnet werden mussten.

aa) Neubewertung des steuerpflichtigen wirtschaftlichen Geschäftsbetriebs

Eine Vielzahl von entgeltlichen Kooperationsleistungen ist ohne Anwendung des § 57 Abs. 3 AO dem steuerpflichtigen wirtschaftlichen Geschäftsbetrieb zuzuordnen. Dies gilt insbesondere für Verwaltungsleistungen wie etwa die Lohn- und Gehaltsabrechnung, Buchführung oder die Übernahme von Managementleistungen und für die klassischen Vorleistungen wie etwa Reinigung, Wäscherei oder Speisenversorgung. Werden diese Leistungen im Rahmen eines planmäßigen Zusammenwirkens i. S. d. § 57 Abs. 3 AO zur Verwirklichung eines steuerbegünstigten Zwecks erbracht, handelt es sich künf-

4. Folgen für die Praxis

tig um Zweckbetriebsleistungen.[1] Dabei kommt es nicht darauf an, ob die Leistungen an eine verbundene Gesellschaft oder an einen gemeinnützigen Dritten erbracht werden. Entscheidend ist, aufgrund der gesetzlich vorgegebenen Zusammenfassung der Tätigkeiten der Kooperationspartner, dass die Leistungen zur Verwirklichung eines steuerbegünstigten Zwecks eingesetzt werden.[2] Kann dies bejaht werden, handelt es sich für alle beteiligten gemeinnützigen Körperschaften um Zweckbetriebsleistungen. Die Zuordnung derartiger Kooperationsleistungen zum Zweckbetrieb führt dann zu einer vollumfänglichen Ertragsteuerbefreiung für diese Leistungen.

Hiervon abzugrenzen sind Kooperationsleistungen, die seitens der Empfängerkörperschaft sowohl im Zweckbetrieb als auch im steuerpflichtigen wirtschaftlichen Geschäftsbetrieb eingesetzt werden. Dies wird häufig bei den zentralen Diensten der Fall sein:

BEISPIEL AUFTEILUNG VON KOOPERATIONSLEISTUNGEN ▶ Eine gemeinnützige Krankenhausträger Stiftung erbringt im Rahmen eines planmäßigen Zusammenwirkens Reinigungsleistungen und Verwaltungsleistungen an ihre Tochtergesellschaft, die Krankenhaus gGmbH. Die Krankenhaus gGmbH unterhält einen Zweckbetrieb gem. § 67 AO. Außerdem betreibt sie einen für die Allgemeinheit zugänglichen Kiosk als steuerpflichtigen wirtschaftlichen Geschäftsbetrieb (§ 64 AO). Die von der Krankenhausträger Stiftung erbrachten Kooperationsleistungen werden bei der Krankenhaus gGmbH sowohl für den Krankenhauszweckbetrieb als auch für den Kiosk genutzt (z. B. Reinigung der Kioskflächen).

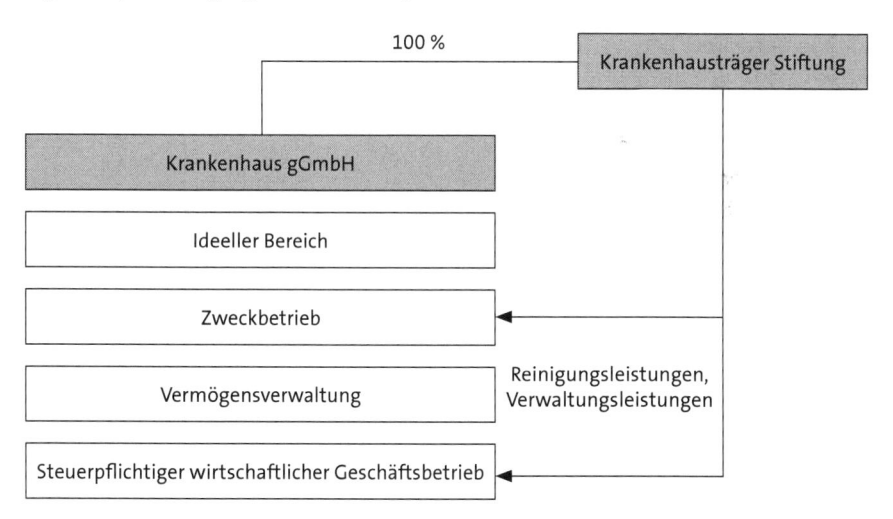

---

1 Vgl. auch Exner, Aktuelles zum Gemeinnützigkeitsrecht aus Sicht der Finanzverwaltung, npoR 2021 S. 63.
2 Vgl. BT-Drucks. 19/25160 S. 202.

V. § 57 Abs. 3 AO – Unmittelbarkeit von Kooperationen

GESAMTBETRACHTUNG NACH § 57 ABS. 3 AO § 57 Abs. 3 AO sieht eine sphärenbezogene Zusammenfassung der im Rahmen einer Kooperation erbrachten Tätigkeiten vor. Dieser Ansatz führt im Beispiel zu einer entsprechenden Merkmalsübertragung auf die Krankenhausträger Stiftung. Soweit die von der Stiftung erbrachten Leistungen im Zweckbetrieb der Krankenhaus gGmbH genutzt werden, liegt auch bei der Stiftung ein Zweckbetrieb vor. Werden die Leistungen hingegen im steuerpflichtigen wirtschaftlichen Geschäftsbetrieb genutzt, handelt es sich insoweit auch bei der Stiftung um einen steuerpflichtigen wirtschaftlichen Geschäftsbetrieb.

Dieses Ergebnis wird in der Praxis zu etlichen Abgrenzungsfragen führen. Insbesondere zentrale Dienstleistungen werden häufig für sämtliche Tätigkeiten – also auch für den steuerpflichtigen Bereich – der Empfängerkörperschaft genutzt. Dieses Aufteilungsgebot sollte im Zusammenhang mit § 57 Abs. 3 AO grundsätzlich geprüft werden. Wirken steuerbegünstigte Körperschaften planmäßig zusammen, ist daher in einem ersten Schritt zu prüfen, für welche Zwecke die erbrachten Funktionsleistungen eingesetzt werden. Werden sie auch im Rahmen von steuerpflichtigen wirtschaftlichen Geschäftsbetrieben genutzt, ist in einem zweiten Schritt ein geeigneter Aufteilungsschlüssel zu ermitteln. Im Beispielsfall könnte für die Reinigungsleistungen über eine Aufteilung anhand der Flächen nachgedacht werden.

Bisher ungeklärt ist, ob eine analoge Anwendung der Merkmalsübertragung i. S. d. § 57 Abs. 3 AO auch für Kooperationsleistungen im Zusammenhang mit der Vermögensverwaltung angenommen werden kann. Dies hätte zur Folge, dass Leistungen die für die Vermögensverwaltung eingesetzt werden, auch bei der leistenden Körperschaft der Vermögensverwaltung zuzuordnen wären.[1] Andernfalls würde die leistende Körperschaft auch mit diesen Leistungen einen steuerpflichtigen wirtschaftlichen Geschäftsbetrieb begründen.

Im Ergebnis kann jedoch festgehalten werden, dass ein Großteil der Funktionsleistungen, die bisher dem steuerpflichtigen wirtschaftlichen Geschäftsbetrieb zuzuordnen waren, zukünftig über § 57 Abs. 3 AO dem Zweckbetrieb zugeordnet werden können. Kooperationen zwischen steuerbegünstigten Körperschaften werden somit erheblich vereinfacht, so dass es oftmals zu einer deutlichen steuerlichen Entlastung kommen wird.

bb) Neubewertung der Vermögensverwaltung

Die Anwendung von § 57 Abs. 3 AO kann zudem für Tätigkeiten, die bisher der Vermögensverwaltung zugeordnet werden mussten, zu einer Verschiebung in den Zweck-

---

1 Vgl. hierzu Hüttemann, Änderungen des Gemeinnützigkeits- und Spendenrechts durch das Jahressteuergesetz 2020, DB 2021 S. 72.

betrieb führen. Dies gilt insbesondere für die Überlassung von Grundvermögen oder beweglichen Wirtschaftsgütern zur Verwirklichung steuerbegünstigter Zwecke.[1]

BEISPIEL NUTZUNGSÜBERLASSUNG Eine Krankenhaus gGmbH überlässt Räumlichkeiten an ihre gemeinnützige Tochtergesellschaft, die MVZ gGmbH. Diese betreibt in den Räumlichkeiten ein MVZ.

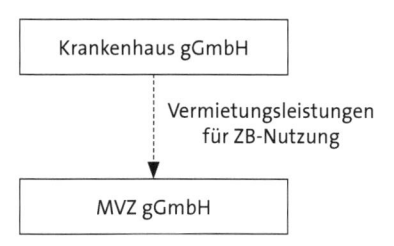

```
┌─────────────────────┐
│  Krankenhaus gGmbH  │
└─────────────────────┘
           ┆
           ┆  Vermietungsleistungen
           ┆  für ZB-Nutzung
           ▼
┌─────────────────────┐
│     MVZ gGmbH       │
└─────────────────────┘
```

NEUBEWERTUNG NACH § 57 ABS. 3 AO Die Überlassung der Räumlichkeiten wäre allein nach § 57 Abs. 1 AO der Vermögensverwaltung zuzuordnen gewesen. Gemäß § 57 Abs. 3 AO handelt es sich jedoch um ein planmäßiges Zusammenwirken, da die Räumlichkeiten seitens der MVZ gGmbH zur Verwirklichung steuerbegünstigter Zwecke eingesetzt werden. Folglich ist die Überlassung der Räumlichkeiten auch bei der Krankenhaus gGmbH dem Zweckbetrieb zuzuordnen.

Die in der Gesetzesbegründung aufgerufenen Maßstäbe, zum Beispiel, dass „innerorganisatorische Abläufe, Strukturen und Verbindungen" zwischen den kooperierenden Körperschaften die steuerliche Beurteilung des Gesamtsachverhaltes nicht beeinflussen sollen, finden auch hinsichtlich der Vermögensverwaltung Anwendung.[2] Hierfür spricht auch die ausdrückliche Nennung des § 14 AO in § 57 Abs. 3 Satz 2 AO. Vor diesem Hintergrund sollten auch Leistungsbeziehungen, die bisher im Bereich der Vermögensverwaltung angefallen sind, einer Neubewertung unterzogen werden.

b) Mittelverwendung

Die Unterscheidung zwischen Vermögensverwaltung und Zweckbetrieb hat zwar keine ertragsteuerlichen Konsequenzen, da auch die Vermögensverwaltung steuerlich begünstigt ist, für die gemeinnützigkeitsrechtliche Mittelverwendung kann sie jedoch eine gewichtige Rolle spielen. Fällt bspw. die Überlassung von Grundvermögen in den Bereich der Vermögensverwaltung, sind sämtliche Investitionen in diesem Zusammenhang aus freien Mitteln zu finanzieren. Für Körperschaften mit geringen freien Rücklagen kann dies zu einer echten Herausforderung werden (vgl. auch unter IV.2.). Dies

---

1 Vgl. auch Exner, Aktuelles zum Gemeinnützigkeitsrecht aus Sicht der Finanzverwaltung, npoR 2021 S. 63.
2 Vgl. BT-Drucks. 19/25160 S. 202.

V. § 57 Abs. 3 AO – Unmittelbarkeit von Kooperationen

gilt analog auch für Wirtschaftsgüter, die im steuerpflichtigen wirtschaftlichen Geschäftsbetrieb eingesetzt werden.

§ 57 Abs. 3 AO führt für eine Vielzahl von Kooperationsleistungen zwischen gemeinnützigen Körperschaften zu einer Neubewertung der bisherigen Sphärenzuordnung. Mit dem Ergebnis, dass zahlreiche Tätigkeiten, die bisher dem steuerpflichtigen wirtschaftlichen Geschäftsbetrieb oder der Vermögensverwaltung zuzuordnen waren, nunmehr im Zweckbetrieb anfallen. Dies hat hinsichtlich der gemeinnützigkeitsrechtlichen Mittelverwendung zwei Konsequenzen. Zum einen kann eine laufende Finanzierung aus zeitnah zu verwendenden Mitteln stattfinden und zum anderen vollziehen sämtliche Vermögenswerte einen Sphärenwechsel.

Die **laufende Finanzierung**, also die Möglichkeit, sämtliche Investitionen und laufenden Aufwendungen aus zeitnah zu verwendenden Mitteln leisten zu können, führt zu einer erheblichen Dokumentationsvereinfachung und zu neuen Gestaltungsmöglichkeiten. Tätigkeiten, die vor Anwendung des § 57 Abs. 3 AO dem steuerpflichtigen wirtschaftlichen Geschäftsbetrieb zuzurechnen waren, durften auf lange Sicht nicht verlustig sein, da ein Ausgleich etwaiger Verluste durch zeitnah zu verwendende Mittel eine Mittelfehlverwendung zur Folge gehabt hätte.[1] Diese Hürde ist nun vielfach beseitigt, so dass auch Geschäftsfelder erschlossen werden können, die für die Gesamtausrichtung einer steuerbegünstigten Körperschaft sinnvoll, aber mit einem erhöhten Verlustrisiko verbunden sind. Außerdem wird der Verlustausgleich zwischen den kooperierenden Körperschaften auch für diese Bereiche eröffnet.

Mit der Umqualifizierung von Tätigkeiten aus dem steuerpflichtigen wirtschaftlichen Geschäftsbetrieb und der Vermögensverwaltung kommt es für die in diesen Sphären genutzten Vermögenswerte zu einem sog. **Sphärenwechsel**. Damit handelt es sich insoweit künftig um nutzungsgebundenes Vermögen i. S. d. § 55 Abs. 1 Nr. 5 Satz 2 AO.[2] Insbesondere für die in der Praxis häufig anzutreffenden Nutzungsüberlassungen von Grundvermögen ist diese Erkenntnis von besonderer Bedeutung. Bisher mussten Wirtschaftsgüter der Vermögensverwaltung aus nicht zeitnah zu verwendenden Mitteln angeschafft und unterhalten werden (vgl. bereits unter IV.2.). Der Sphärenwechsel in den Zweckbetrieb führt nunmehr dazu, dass diese Wirtschaftsgüter zukünftig aus *zeitnah* zu verwendenden Mitteln finanziert werden können. Dadurch kann auch bei der Anschaffung von Grundvermögen oftmals der Einsatz nicht zeitnah zu verwendender Mittel (z. B. freie Rücklage gem. § 62 Abs. 1 Nr. 3 AO) vermieden werden.

---

1 Vgl. AEAO zu § 55, Nr. 4.
2 Vgl. ebenso Kirchhain, Im zweiten Anlauf durch die Hintertür: Umfassende Änderungen für gemeinnützige Organisationen und deren Förderer durch das JStG 2020, DStR 2021 S. 129.

Vollzieht sich ein Sphärenwechsel in umgekehrter Richtung, also bspw. aus dem Zweckbetrieb in die Vermögensverwaltung, lebt die Pflicht zur zeitnahen Mittelverwendung in Höhe des Verkehrswertes der sphärenwechselnden Vermögensgegenstände wieder auf.[1] Hintergrund ist der bei Anschaffung dieser Vermögensgegenstände grundsätzlich vorgegebene Mitteleinsatz aus zeitnah zu verwendenden Mitteln, soweit es sich bei den Vermögensgegenständen nicht um sog. „Altvermögen"[2] handelt. Dieser Denkansatz sollte daher auch auf den umgekehrten Fall übertragbar sein. Der Sphärenwechsel von Vermögensgegenständen, bspw. aus der Vermögensverwaltung in den Zweckbetrieb, würde dann analog zu einem **Wiederaufleben der ursprünglich eingesetzten freien (nicht zeitnah zu verwendenden) Mittel** führen. Diese Herangehensweise würde vielen steuerbegünstigten Körperschaften zu einem deutlichen Anstieg der freien Mittel verhelfen und dadurch wiederum neue Handlungsoptionen eröffnen.

Die von § 57 Abs. 3 AO vorgesehene Gesamtbetrachtung führt damit nicht nur ertragsteuerlich zu Verbesserungen, sondern beseitigt auch zahlreiche Restriktionen im Zusammenhang mit den Mittelverwendungspflichten für gemeinnützige Körperschaften.

c) Überführung von gewerblichen Gesellschaften in die Gemeinnützigkeit

Die Neuregelung des § 57 Abs. 3 AO kann für derzeit gewerbliche Servicegesellschaften, die Funktionsleistungen an steuerbegünstigte Körperschaften erbringen, nach entsprechender Satzungsanpassung (vgl. unter V.3.) den Wechsel in die Gemeinnützigkeit ermöglichen.[3] Grundsätzlich kann davon ausgegangen werden, dass die Überführung einer gewerblichen Servicegesellschaft in die Gemeinnützigkeit steuerlich sinnvoll ist. Diese Annahme findet sich jedoch nur dann bestätigt, wenn die Gemeinnützigkeit der Servicegesellschaft auch auf Dauer sichergestellt werden kann und diese tatsächlich zu einer Steuerersparnis oder anderen gemeinnützigkeitsrechtlichen Vorteilen führt.

Servicegesellschaften, die sowohl Leistungen an gemeinnützige Körperschaften erbringen (= planmäßiges Zusammenwirken) als auch Leistungen, die als steuerpflichtiger wirtschaftlicher Geschäftsbetrieb zu qualifizieren wären – z. B. Leistungen an gewerbliche Dritte –, sollten eine **Vergleichsrechnung** anstellen. Denn für den Fall, dass lediglich aus den Leistungen, die perspektivisch dem steuerpflichtigen wirtschaftlichen Geschäftsbetrieb zuzuordnen wären, Gewinne anfielen, entfallen Verrechnungsmöglichkeiten. Diese Gewinne könnten bei einer gewerblichen Gesellschaft mit etwaigen Verlusten aus dem „planmäßigen Zusammenwirken" (noch) verrechnet werden, was eine

---
1 AEAO zu § 55, Nr. 30 Abs. 2 Satz 2.
2 OFD Düsseldorf v. 26.6.1980, KSt-Kartei NW § 5 KStG Karte H 20.
3 Vgl. auch Exner, Aktuelles zum Gemeinnützigkeitsrecht aus Sicht der Finanzverwaltung, npoR 2021 S. 63.

V. § 57 Abs. 3 AO – Unmittelbarkeit von Kooperationen

abgesenkte Total-Steuerbelastung zur Folge hätte. Wird die Servicegesellschaft hingegen in die Gemeinnützigkeit überführt, ist eine Verrechnung der Ergebnisse aus dem planmäßigen Zusammenwirken (dann Zweckbetrieb) und dem steuerpflichtigen wirtschaftlichen Geschäftsbetrieb (gewerbliche Drittleistungen) nicht mehr möglich. Für den Fall, dass im Zweckbetrieb Verluste anfallen, während es im steuerpflichtigen wirtschaftlichen Geschäftsbetrieb zu Gewinnen kommt, wäre die Steuerbelastung, bezogen auf die Drittleistungen, folglich nach Überführung in die Gemeinnützigkeit höher als vorher.

BEISPIEL INTERNE GEWINNVERRECHNUNG ▶ Die Service GmbH erbringt Wäschereileistungen an steuerbegünstigte Körperschaften und betreibt ein Parkhaus. Nach dem Wechsel in die Gemeinnützigkeit sind die Wäschereileistungen dem Zweckbetrieb zuzuordnen und der Betrieb des Parkhauses dem steuerpflichtigen wirtschaftlichen Geschäftsbetrieb. Mit dem Parkhausbetrieb wird ein Gewinn erzielt und mit der Wäscherei ein Verlust.

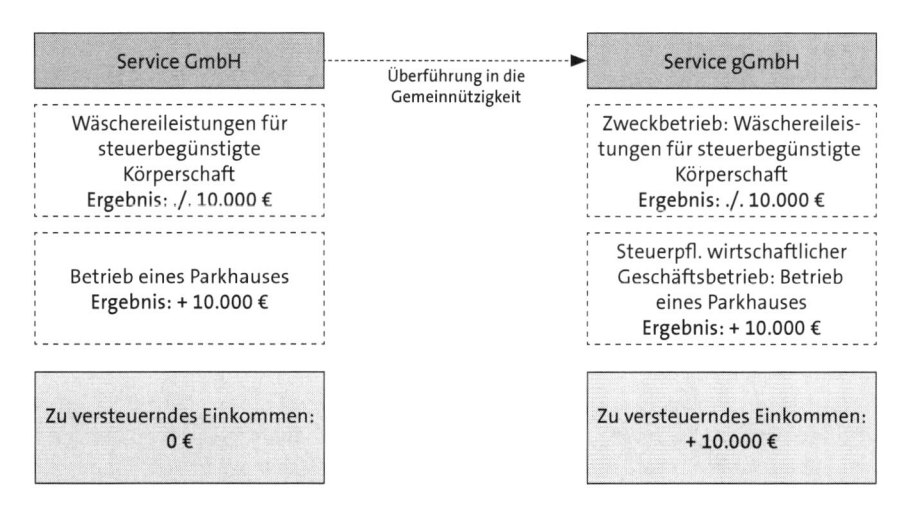

Service GmbH	Überführung in die Gemeinnützigkeit ▶	Service gGmbH
Wäschereileistungen für steuerbegünstigte Körperschaft Ergebnis: ./. 10.000 €		Zweckbetrieb: Wäschereileistungen für steuerbegünstigte Körperschaft Ergebnis: ./. 10.000 €
Betrieb eines Parkhauses Ergebnis: + 10.000 €		Steuerpfl. wirtschaftlicher Geschäftsbetrieb: Betrieb eines Parkhauses Ergebnis: + 10.000 €
Zu versteuerndes Einkommen: 0 €		Zu versteuerndes Einkommen: + 10.000 €

ERGEBNIS NACH DEM WECHSEL IN DIE GEMEINNÜTZIGKEIT ▶ Als gemeinnützige Körperschaft kann die Service gGmbH keine Ergebnisverrechnung zwischen den einzelnen Sparten mehr vornehmen. Insgesamt kommt es daher zu einer höheren Steuerlast.

Aber auch eine umgekehrte Gewinnverteilung könnte problematisch sein. Entsteht lediglich im Bereich des planmäßigen Zusammenwirkens (= Zweckbetrieb) ein Gewinn und wird daneben ein verlustbehafteter steuerpflichtiger wirtschaftlicher Geschäftsbetrieb betrieben, kommt es zwar zu einer Steuerersparnis, gleichzeitig aber auch zu einer potenziellen Gefährdung der Gemeinnützigkeit. Denn gemeinnützige Körperschaften müssen sicherstellen, dass sie ihre Mittel ausschließlich für steuerbegünstigte

Zwecke einsetzen. Der Ausgleich von Verlusten im steuerpflichtigen wirtschaftlichen Geschäftsbetrieb gehört nicht dazu und führt daher auf Dauer zur Aberkennung der Gemeinnützigkeit.[1] In diesem Zusammenhang kann zunächst eine Überprüfung der bisherigen Verlustermittlung durchgeführt werden. Werden anschließend weiterhin Verluste ausgewiesen, lässt sich die Aberkennung der Gemeinnützigkeit unter Umständen durch eine Umstrukturierung der Servicegesellschaft verhindern. Denkbar wäre etwa die Ausgliederung des planmäßigen Zusammenwirkens auf eine neu zu gründende steuerbegünstigte Kapitalgesellschaft.

Die Anerkennung einer bislang gewerblichen Servicegesellschaft als gemeinnützig erfordert zudem, dass sie ausschließlich steuerbegünstigte Zwecke verfolgt. Das **Ausschließlichkeitsgebot** des § 56 AO verlangt, dass steuerbegünstigte Körperschaften neben ihrer steuerbegünstigten Zielsetzung keine weiteren nicht steuerbegünstigten Zwecke verfolgen.[2] Steuerpflichtige wirtschaftliche Geschäftsbetriebe und die Vermögensverwaltung stehen daher nur dann im Einklang mit einer ausschließlichen Zweckverfolgung, wenn sie den satzungsmäßigen Zwecken untergeordnet sind und letztlich als Mittelbeschaffungstätigkeit zur ausschließlichen Zweckverfolgung dienen.[3] Weder der steuerpflichtige wirtschaftliche Geschäftsbetrieb noch die Vermögensverwaltung dürfen in der Gesamtschau zum Selbstzweck werden.[4] Auch wenn Finanzverwaltung und Rechtsprechung die sog. „Geprägetheorie" inzwischen aufgegeben haben,[5] sollten gewerbliche Gesellschaften vor dem Wechsel in die Gemeinnützigkeit prüfen, ob sie zukünftig ausschließlich im Rahmen einer steuerbegünstigten Zweckverfolgung tätig werden können oder ob parallel weiterhin gewerbliche Leistungen erbracht werden sollen. In diesem Zusammenhang könnte die Zweckverfolgung u. U. durch eine entsprechende Preisgestaltung und die Anwendung von § 58 Nr. 1 AO sichergestellt werden.

Ebenfalls zu bewerten sind etwaige arbeitsrechtliche Konsequenzen, die sich bei Überführung einer Servicegesellschaft in die Gemeinnützigkeit ergeben können.

Die Vorteile und die Erfolgsaussichten der Überführung einer Servicegesellschaft in die Gemeinnützigkeit sollten demnach im Vorfeld genau geprüft werden. Insbesondere für gewerbliche Servicegesellschaften innerhalb eines gemeinnützigen Konzernverbundes wird eine Überführung in die Gemeinnützigkeit häufig zu erheblichen Vereinfachungen und steuerlichen Vorteilen führen.

---

1 Vgl. AEAO zu § 55, Nr. 4.
2 Vgl. AEAO zu § 56, Nr. 1.
3 Vgl. Buchna/Leichinger/Seeger/Brox, Gemeinnützigkeit im Steuerrecht, 11. Auflage, S. 185.
4 Vgl. BFH, Urteil v. 4.4.2007 - I R 76/05, BStBl 2007 II S. 631.
5 Vgl. BMF, Schreiben v. 17.1.2012 - IV A 3 - S 0062/08/10007-12/IV C 4 - S 0171/07/0038-007, BStBl 2012 I S. 83 zur Änderung des AEAO sowie etwa BFH, Urteil v. 15.7.1998 - I R 156/94, BStBl 2002 II S. 162.

V. § 57 Abs. 3 AO – Unmittelbarkeit von Kooperationen

Sofern an der – aktuell noch gewerblichen – Servicegesellschaft auch **gewerbliche Gesellschafter beteiligt** sind, ist bei der Überführung in die Gemeinnützigkeit sicherzustellen, dass Gewinnausschüttungen an diese gewerblichen Gesellschafter nicht möglich sind (vgl. § 3 Abs. 1 Satz 2 der AO-Mustersatzung). Halten die gewerblichen Gesellschafter die Mehrheit der Stimmrechte bzw. können sie entscheidenden Einfluss auf die Willensbildung in der Servicegesellschaft nehmen, ist zu prüfen, ob auch in diesen Fällen eine Überführung in die Gemeinnützigkeit möglich ist. Probleme können sich bei diesen Fallgestaltungen ebenfalls hinsichtlich der Zustimmung zum Übergang in die Gemeinnützigkeit durch die gewerblichen Gesellschafter ergeben. Denn für diese bedeutet die Gemeinnützigkeit, dass sie zukünftig keine Gewinnausschüttungen mehr erhalten dürfen. Dieses sog. „Gewinnausschüttungsverbot" nach § 55 AO könnte möglicherweise eine Veräußerung der Anteile an andere gemeinnützige Körperschaften zur Folge haben. Soweit der Übergang in die Gemeinnützigkeit bereits vor der Anteilsveräußerung erfolgt ist, sind § 55 Abs. 1 Nr. 1 und Nr. 2 AO zu beachten.[1] Demnach dürfen Gewinne nicht an die Gesellschafter ausgekehrt werden. Als Veräußerungspreis kommt folglich höchstens der Nominalwert der Anteile zuzüglich des gemeinen Werts der vom bisherigen Gesellschafter geleisteten Sacheinlagen in Betracht.[2] Zahlt eine steuerbegünstigte Körperschaft einen höheren Preis, handelt es sich um eine Mittelfehlverwendung.[3] Gewerbliche Gesellschafter sollten daher im Vorfeld entscheiden, ob sie die Anteile an einer perspektivisch gemeinnützigen Gesellschaft halten wollen oder nicht. Ist die Gesellschaft erstmal in die Gemeinnützigkeit überführt worden, ist eine Realisierung der stillen Reserven – außerhalb der gemeinnützigen Sphäre – für die Anteilseigner nicht mehr möglich.[4]

aa) Behandlung von Verlustvorträgen

Die Überführung einer gewerblichen Gesellschaft in die Gemeinnützigkeit kann – insbesondere bei Konzernstrukturen – auch dann sinnvoll sein, wenn die Gesellschaft bisher Verluste erwirtschaftet hat. In diesen Fällen ermöglicht die Gemeinnützigkeit bspw. die Weitergabe von Mitteln durch andere steuerbegünstigte Körperschaften. Ebenso ist eine Anpassung etwaiger Verrechnungspreise (vgl. unter V.4.d)) möglich. Verluste aus der gewerblichen Tätigkeit sollten der Überführung in die Gemeinnützigkeit nicht entgegenstehen. Dennoch empfiehlt es sich, die Herkunft der Verluste zu dokumentieren, damit im Zweifel nachgewiesen werden kann, dass es sich nicht um

---

1 Vgl. ebenso Kirchhain, Im zweiten Anlauf durch die Hintertür: Umfassende Änderungen für gemeinnützige Organisationen und deren Förderer durch das JStG 2020, DStR 2021 S. 129.
2 Vgl. BFH, Beschluss v. 12.10.2010 - I R 59/09, BStBl 2012 II S. 226.
3 Vgl. AEAO zu § 55 Nr. 10.
4 Ggf. sind hier schenkungssteuerliche Tatbestände zu prüfen.

gemeinnützigkeitsschädliche Verluste aus der Betätigung im steuerpflichtigen wirtschaftlichen Geschäftsbetrieb handelt.

In diesem Zusammenhang stellt sich die Frage, wie mit den bisher angelaufenen (und gesondert festgestellten) **Verlustvorträgen** umzugehen ist. Denkbar sind zwei Szenarien: Die Verluste könnten entweder „eingefroren" oder zur Verrechnung mit Gewinnen im steuerpflichtigen wirtschaftlichen Geschäftsbetrieb eingesetzt werden. Die zweite Alternative scheint sachgerecht, da die zukünftig im Rahmen eines steuerpflichtigen wirtschaftlichen Geschäftsbetriebs ausgeübten Tätigkeiten auch in den Jahren der Verlustfeststellung ausgeübt wurden. Eine Verrechnung der Gewinne aus diesen Tätigkeiten mit den zuvor gesondert festgestellten Verlustvorträgen sollte daher möglich sein. Die Finanzverwaltung hat sich bisher nicht eindeutig zu dieser Fragestellung geäußert, daher sollte eine vorherige verbindliche Abstimmung (§ 89 Abs. 2 AO) geprüft werden.

bb) Wechsel in die Steuerbefreiung

Ist der Wechsel von der Steuerpflicht in die Steuerbefreiung für eine Gesellschaft sinnvoll, sind die Regelungen des § 13 KStG zu beachten. Für Fälle des Wechsels hin zur (teilweisen) Steuerbefreiung sieht § 13 Abs. 1 i. V. m. Abs. 3 KStG die Aufstellung einer Schlussbilanz auf den Zeitpunkt vor, zu dem die Steuerpflicht endet.[1] Es handelt sich dabei um eine Steuerbilanz gem. § 60 Abs. 2 Satz 2 EStDV, so dass die Wertansätze von denen der Handelsbilanz abweichen können.[2] Die zu erfassenden Wirtschaftsgüter sind darin grundsätzlich mit dem Teilwert anzusetzen.[3] Dieser Grundsatz gilt jedoch nicht für Körperschaften, bei denen sich die Steuerbefreiung nach § 5 Abs. 1 Nr. 9 KStG richtet. Hier gilt § 13 Abs. 4 KStG als Lex specialis. Demnach hat der Ansatz der zu erfassenden Wirtschaftsgüter in der Schlussbilanz mit dem Buchwert zu erfolgen, sofern die Wirtschaftsgüter der Förderung steuerbegünstigter Zwecke dienen.[4] Es handelt sich dabei nicht um ein Wahlrecht. Für gewerbliche Servicegesellschaften, die den Weg in die Gemeinnützigkeit beabsichtigen, ist also die Aufstellung einer Schlussbilanz zu Buchwerten zum Zeitpunkt des Übergangs in die Steuerbefreiung erforderlich. Ohne Billigkeitsregelung seitens der Finanzverwaltung wird der Übergangszeitpunkt wohl ohnehin auf den 31.12. eines Jahres fallen mit der Konsequenz, dass die Aufstellung einer zusätzlichen Zwischenbilanz entfiele.

---

1 Vgl. hierzu und zum Folgenden auch Helm/Bischoff, Einstieg in die steuerrechtliche Gemeinnützigkeit: Inwieweit kann eine Aufdeckung stiller Reserven vermieden werden? Zum Systemverhältnis zwischen § 13 KStG und § 6b EStG, npoR 2021 S. 89.
2 Vgl. Klempa in Winheller/Geibel/Jachmann-Michel, Gesamtes Gemeinnützigkeitsrecht, 2. Auflage 2020, § 13 KStG, Rz. 22.
3 Vgl. R 13.3 Abs. 1 KStR.
4 Vgl. Buchna/Leichinger/Seeger/Brox, Gemeinnützigkeit im Steuerrecht, 11. Auflage, S. 524.

Die Buchwertfortführung gem. § 13 Abs. 4 KStG gilt nur für Wirtschaftsgüter, die zukünftig für steuerbegünstigte Zwecke eingesetzt werden. Unterhält die Servicegesellschaft zukünftig auch steuerpflichtige wirtschaftliche Geschäftsbetriebe, kann es allerdings ebenfalls zu einem Ansatz zu Buchwerten kommen. Die in diesem Bereich eingesetzten Wirtschaftsgüter unterliegen weiterhin der (partiellen) Steuerpflicht, so dass die Versteuerung der stillen Reserven auch weiterhin sichergestellt ist.[1] Der Buchwertansatz kommt auch für Wirtschaftsgüter in Betracht, die zukünftig in der Sphäre der Vermögensverwaltung eingesetzt werden.[2] Damit führt der Übergang in die Gemeinnützigkeit für die bislang gewerblichen Gesellschaften insgesamt nicht zu einer Aufdeckung der stillen Reserven aus der Zeit der Gewerblichkeit; eine entsprechende Versteuerung unterbleibt mithin.[3] In diesem Zusammenhang lässt sich auch hinsichtlich etwaiger § 6b-Rücklagen ein Verzicht auf die Aufdeckung der stillen Reserven argumentieren.[4]

Für aktuell steuerpflichtige Gesellschaften, die einen Wechsel in die Steuerbefreiung anstreben, können im Ergebnis die nachfolgenden Prüfschritte relevant sein. Zunächst ist zu untersuchen, ob der Übergang in die Gemeinnützigkeit wirtschaftlich und gemeinnützigkeitsrechtlich sinnvoll ist. Anschließend sollten die relevanten Tätigkeitsfelder identifiziert und die Satzung angepasst werden. Schlussendlich ist im Zuge des Wechsels eine Schlussbilanz zu Buchwerten aufzustellen.

d) Verrechnungspreise im Konzernverbund

Leistungsbeziehungen i. S. d. § 57 Abs. 3 AO werden besonders häufig zwischen gesellschaftsrechtlich verbundenen Körperschaften bzw. innerhalb eines Konzerns erbracht. Bisher mussten Funktionsleistungen, die in dieser Konstellation erbracht wurden, einem Fremdvergleich standhalten und einen Gewinnaufschlag enthalten (vgl. ausführlich unter IV.2.a)). Wurden die Preise nicht entsprechend fremdüblich kalkuliert, kam es in Höhe des Differenzbetrages zwischen tatsächlichem und marktüblichem Entgelt zu einer verdeckten Gewinnausschüttung nach § 8 Abs. 3 KStG.[5] Die Finanzverwaltung verlangte für die Annahme eines marktüblichen Entgelts, dass dieses auch einen Gewinnaufschlag zu beinhalten hat. Dies galt sowohl für Leistungsbeziehungen zwischen ge-

---

1 Vgl. Buchna/Leichinger/Seeger/Brox, Gemeinnützigkeit im Steuerrecht, 11. Auflage, S. 525.
2 Vgl. BMF, Schreiben v. 1.2.2002 - IV A 2 - S 2765 – 1/02, BStBl 2002 I S. 221.
3 Vgl. auch Helm/Bischoff, Einstieg in die steuerrechtliche Gemeinnützigkeit: Inwieweit kann eine Aufdeckung stiller Reserven vermieden werden? Zum Systemverhältnis zwischen § 13 KStG und § 6b EStG, npoR 2021 S. 89.
4 Vgl. hierzu ausführlich Helm/Bischoff, Einstieg in die steuerrechtliche Gemeinnützigkeit: Inwieweit kann eine Aufdeckung stiller Reserven vermieden werden? Zum Systemverhältnis zwischen § 13 KStG und § 6b EStG, npoR 2021 S. 89.
5 Vgl. OFD Nordrhein-Westfalen, Vfg. v. 18.1.2017 - S 0174-2016/0006-St 15, NWB QAAAG-37586.

meinnützigen und gewerblichen Gesellschaften als auch für die intergemeinnützige Zusammenarbeit, soweit Leistungen aus dem steuerpflichtigen wirtschaftlichen Geschäftsbetrieb erbracht wurden. Dies traf für den überwiegenden Teil der Funktionsleistungen zu. Eine Kooperation zu Selbstkosten war dementsprechend schwierig. Diese Grundsätze wendet die Finanzverwaltung hingegen nicht an, wenn die Funktionsleistungen dem Zweckbetrieb zuzurechnen sind.[1]

Aus § 57 Abs. 3 AO ergeben sich in diesem Zusammenhang sowohl für Kooperationen mit gewerblichen Konzerngesellschaften als auch mit gemeinnützigen Körperschaften erhebliche Vereinfachungen hinsichtlich der anzusetzenden Verrechnungspreise. Gewerbliche Gesellschaften können oftmals in die Gemeinnützigkeit überführt werden. Die im Rahmen eines planmäßigen Zusammenwirkens zur Verwirklichung steuerbegünstigter Zwecke erbrachten Leistungen sind – bei Vorliegen der weiteren Voraussetzungen – dann dem Zweckbetrieb zuzuordnen. Dies gilt auch für die bereits gemeinnützigen Körperschaften, bei denen es zu einer Verschiebung dieser Leistungen vom steuerpflichtigen wirtschaftlichen Geschäftsbetrieb in den Zweckbetrieb kommt. Für sämtliche Kooperationsleistungen, die aufgrund von § 57 Abs. 3 AO nicht mehr dem steuerpflichtigen Bereich zuzuordnen sind, kann die Vereinbarung eines marktüblichen Entgelts zukünftig entfallen. Eine verdeckte Gewinnausschüttung ist aufgrund der Zuordnung zum Zweckbetrieb in dieser Konstellation nicht mehr anzunehmen.[2] Die Verfügung der OFD Nordrhein-Westfalen verliert damit aufgrund des dezimierten Anwendungsbereichs erkennbar an Bedeutung.

Für Fälle, in denen die Kooperationsleistungen dem steuerpflichtigen wirtschaftlichen Geschäftsbetrieb zuzurechnen sind, ist auch zukünftig ein marktübliches Entgelt erforderlich (vgl. unter V.4.a)). Andernfalls wäre weiterhin die Annahme einer verdeckten Gewinnausschüttung die Folge. Der korrekten Sphärenzuordnung der erbrachten Leistungen kommt in diesem Kontext ein erhebliches Gewicht zu.

Eine Vielzahl der konzerninternen Kooperationen wird mit Anwendung des § 57 Abs. 3 AO deutlich vereinfacht. Außerdem ergeben sich neue Spielräume hinsichtlich der Preisgestaltung, da ein fremdübliches Entgelt oftmals entbehrlich wird. Die in Betriebsprüfungen häufig geführten Diskussionen um die Marktüblichkeit der vereinbarten Entgelte wird damit wohl ein Ende finden.

---

[1] Vgl. AEAO zu § 55, Nr. 2 Satz 4.
[2] So auch Kirchhain, Im zweiten Anlauf durch die Hintertür: Umfassende Änderungen für gemeinnützige Organisationen und deren Förderer durch das JStG 2020, DStR 2021 S. 129.

V. § 57 Abs. 3 AO – Unmittelbarkeit von Kooperationen

e) Beispiel Betriebsaufspaltung

Ertragsteuerpflichtige Betriebsaufspaltungen sind häufig anzutreffen, wenn wesentliche Betriebsgrundlagen in den steuerpflichtigen wirtschaftlichen Geschäftsbetrieb einer anderen steuerbegünstigten Körperschaft oder an gewerbliche Gesellschaften überlassen werden (vgl. ausführlich zur Problematik unter IV.2.b)). Die Begründung einer solchen Betriebsaufspaltung führte für gemeinnützige Körperschaften bisher sowohl zu einer Ertragsteuerbelastung als auch zu Problemstellungen hinsichtlich der Mittelverwendung. § 57 Abs. 3 AO führt nun für eine Vielzahl dieser Fallgestaltungen zu Verbesserungen, so dass die bestehenden Betriebsaufspaltungen neu zu bewerten sind. Insoweit die Nutzungsüberlassung künftig in den Zweckbetrieb einer steuerbegünstigten Gesellschaft erfolgt, führt die vorliegende Betriebsaufspaltung nicht mehr zu **ertragsteuerlichen Konsequenzen**. Dazu folgendes Beispiel:

BEISPIEL BETRIEBSAUFSPALTUNG NACH DEM WECHSEL IN DIE GEMEINNÜTZIGKEIT ▶ In Anlehnung an das Beispiel der Gesetzesbegründung überlässt eine Krankenhaus gGmbH ihrer gewerblichen Tochtergesellschaft, der Wäscherei GmbH, das betriebsnotwendige Grundvermögen. Die Wäscherei GmbH wird ab dem 1.1.2021 gemeinnützig und erbringt ihre Leistungen für den Zweckbetrieb der Krankenhaus gGmbH.

Bewertung ohne §57 Abs. 3 AO

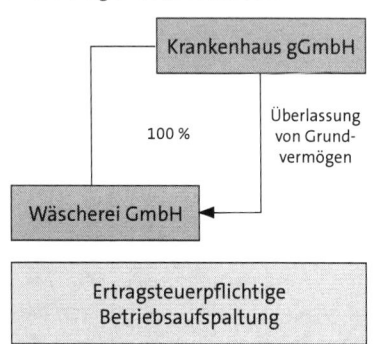

Bewertung mit §57 Abs. 3 AO

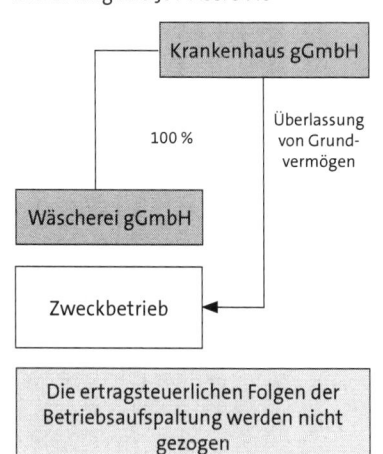

54

4. Folgen für die Praxis

ERTRAGSTEUERLICHE VORTEILE IM HINBLICK AUF DIE BETRIEBSAUFSPALTUNG ▶ Nach dem Wechsel der Wäscherei gGmbH in die Gemeinnützigkeit überlässt die Krankenhaus gGmbH das Grundvermögen an eine andere steuerbegünstigte Gesellschaft für deren steuerbegünstigte Zwecke. Die ertragsteuerlichen Folgen der Betriebsaufspaltung werden daher bei der Krankenhaus gGmbH zukünftig nicht mehr gezogen.[1]

Der Wechsel von einem steuerpflichtigen wirtschaftlichen Geschäftsbetrieb in den Zweckbetrieb stellt einen Teilbetriebsübergang in die Steuerbefreiung gem. § 13 Abs. 5 KStG dar. § 13 Abs. 4 Satz 1 KStG ermöglicht für diese Fälle die Überführung der im Rahmen der Betriebsaufspaltung überlassenen Wirtschaftsgüter zum Buchwert.[2] Es kommt bei der ertragsteuerlichen Beendigung einer Betriebsaufspaltung aufgrund der Anwendung des § 57 Abs. 3 AO folglich nicht zu einer Versteuerung der stillen Reserven.

Im Hinblick auf die Neubewertung der bisher steuerpflichtigen wirtschaftlichen Geschäftsbetriebe von bereits gemeinnützigen Körperschaften ergeben sich neben den ertragsteuerlichen Verbesserungen auch Konsequenzen für die **Mittelverwendung**. Die Überlassung von Vermögen wurde bisher entweder dem steuerpflichtigen wirtschaftlichen Geschäftsbetrieb (z. B. ertragsteuerpflichtige Betriebsaufspaltung) oder der Vermögensverwaltung zugeordnet. In beiden Fällen hatte eine Finanzierung ausschließlich aus nicht zeitnah zu verwendenden Mitteln zu erfolgen. Die Einlage von Wirtschaftsgütern aus dem steuerbegünstigten Bereich war in Höhe des Verkehrswertes ebenfalls aus freien Mitteln auszugleichen. § 57 Abs. 3 AO führt nun zu einer Kehrtwende. Demnach können auch Nutzungsüberlassungen im Rahmen eines planmäßigen Zusammenwirkens dem Zweckbetrieb zuzuordnen sein. Der vorzunehmende Sphärenwechsel zurück in den steuerbegünstigten Bereich führt in diesem Zusammenhang u. E. zu *einem Wiederaufleben der freien Mittel*, die zuvor zur Finanzierung des ersten Sphärenwechsels in den nicht begünstigten Bereich eingesetzt wurden (grds. in Höhe des damaligen Verkehrswertes). Das Auseinanderfallen der ertragsteuerlichen Behandlung (Buchwertfortführung) und dem gemeinnützigkeitsrechtlichen Sphärenwechsel (Verkehrswert) ist für dieses Ergebnis unschädlich.

Im Ergebnis ist festzustellen, dass § 57 Abs. 3 AO im Hinblick auf die Bewertung von Betriebsaufspaltungen einen neuen Blickwinkel eröffnet und zu einer erheblichen Erleichterung von Nutzungsüberlassungen im gemeinnützigen Konzern führt.

f) Außen-GbR

Kooperationen zwischen gemeinnützigen Körperschaften finden nicht nur durch den Austausch von Leistungen statt, häufig werden auch Projekte verfolgt, bei denen die

---

[1] Vgl. AEAO zu § 64, Nr. 3 Satz 8.
[2] Vgl. BMF, Schreiben v. 1.2.2002 - IV A 2 - S 2765 - 1/02, BStBl 2002 I S. 221.

V. § 57 Abs. 3 AO – Unmittelbarkeit von Kooperationen

Körperschaften gemeinsam nach außen auftreten. In diesem Fall kann es zur Begründung einer Außen-Gesellschaft bürgerlichen Rechts (Außen-GbR) kommen. Die Außen-GbR stellt ein eigenständiges Rechtssubjekt dar und unterliegt als solches auch der Besteuerung.[1] Das Gemeinnützigkeitsrecht sieht vor, dass nur Körperschaften, Personenvereinigungen und Vermögensmassen den Status der Gemeinnützigkeit erlangen können. Personengesellschaften – wie die Außen-GbR – können daher nicht als gemeinnützig anerkannt werden.[2]

Die Entstehung der Außen-GbR und die damit einhergehende „Gemeinnützigkeitsunfähigkeit" bringt steuerlich einige Herausforderungen mit sich. Zunächst ist zu klären, ob die Außen-GbR eine Mitunternehmerschaft i. S. d. § 15 Abs. 1 Satz 1 Nr. 2 EStG darstellt. In diesem Fall würden die gemeinnützigen Gesellschafter Einkünfte aus Gewerbebetrieb erzielen, welche sie grundsätzlich im Rahmen eines steuerpflichtigen wirtschaftlichen Geschäftsbetriebs zu versteuern hätten.

Etwas anderes gilt u. E., wenn die durch die Kooperation erzielten Einkünfte im Rahmen eines Zweckbetriebs anfallen, also mit den Zwecken der gemeinnützigen Gesellschafter übereinstimmen. In diesen Fällen sollten die Einkünfte auf Ebene der Gesellschafter wieder als Zweckbetriebseinkünfte zu qualifizieren sein. Auf Ebene der Außen-GbR selbst können jedoch keine Zweckbetriebseinkünfte vorliegen.[3] Die Entscheidung, ob es sich um Einkünfte im Zweckbetrieb handelt, wird erst im Rahmen der Körperschaftsteuerveranlagung des gemeinnützigen Gesellschafters getroffen.[4]

In diesem Kontext spielt auch die Frage nach der Unmittelbarkeit gem. § 57 AO eine Rolle. Denn auch die Zweckverfolgung über eine Außen-GbR führt für die steuerbegünstigten Gesellschafter nicht zu einer unmittelbaren Zweckverwirklichung i. S. d. § 57 Abs. 1 AO. Die Schwierigkeit liegt hier darin, dass Leistungen an eine nicht gemeinnützige GbR und nicht an den begünstigten Personenkreis selbst erbracht werden. Die Außen-GbR kann keinen steuerbegünstigten Zweckbetrieb unterhalten, in dem die Leistungen der Gesellschafter eingesetzt werden könnten. Dennoch ist die Außen-GbR in diesen Fällen nur das Vehikel eines planmäßigen Zusammenwirkens zwischen steuerbegünstigten Körperschaften. § 57 Abs. 3 AO sollte folglich auch in diesen Fällen zur Anwendung kommen, wenn die Außen-GbR die Leistungen ausschließlich zur Verwirklichung steuerbegünstigter Zwecke einsetzt. Andernfalls wären es wiederum gesell-

---

1 Vgl. Kirchhain, Im zweiten Anlauf durch die Hintertür: Umfassende Änderungen für gemeinnützige Organisationen und deren Förderer durch das JStG 2020, DStR 2021 S. 129; Becker/Volkmann/Sokollari, JStG 2020 und Gemeinnützigkeit, DStZ 2021 S. 185.
2 Vgl. Geibel in Winheller/Geibel/Jachmann-Michel, Gesamtes Gemeinnützigkeitsrecht 2. Auflage 2020, AO 3.9, Rz. 2, 3.
3 Vgl. Geibel in Winheller/Geibel/Jachmann-Michel, Gesamtes Gemeinnützigkeitsrecht 2. Auflage 2020, AO 3.9, Rz. 17–20.
4 Vgl. AEAO zu § 64, Nr. 3.

schaftsrechtliche Strukturen, die zu einer abweichenden steuerlichen Beurteilung führen würden.[1] Die Anwendung von § 57 Abs. 3 AO würde demnach auch für Kooperationen mittels Außen-GbR eine unmittelbare Zweckverwirklichung und damit die Zuordnung zum steuerbegünstigten Bereich ermöglichen.

5. Handlungsoptionen für die öffentliche Hand

Die prinzipielle Anwendbarkeit der Regelungen des Gemeinnützigkeitsrechts auch auf Betriebe gewerblicher Art von juristischen Personen des öffentlichen Rechts ist allgemeinhin anerkannt.[2] Voraussetzung für die Steuerbefreiung nach § 5 Abs. 1 Nr. 9 KStG ist eine ausschließlich und unmittelbar gemeinnützigen Zwecken dienende tatsächliche Geschäftsführung ebenso wie die Erfüllung der gemeinnützigkeitsrechtlichen Satzungsvoraussetzungen.[3] Ein Betrieb gewerblicher Art ohne Satzung kann folglich nicht gemeinnützig sein.[4] Die Gemeinnützigkeit hat neben der Ertragsteuerbefreiung auch den Vorteil, dass eine Abstandnahme vom Kapitalertragsteuerabzug erfolgt (vgl. § 44a Abs. 4 EStG). Verwirklichen Betriebe gewerblicher Art durch ihre Tätigkeit steuerbegünstigte Zwecke, ist die Inanspruchnahme der Gemeinnützigkeit zumeist steuerlich sinnvoll, bspw. beim Betrieb öffentlicher Kindergärten. Vor diesem Hintergrund könnte die Anwendung des neuen § 57 Abs. 3 AO auch für Betriebe gewerblicher Art von Interesse sein.

§ 57 Abs. 3 AO nennt ausdrücklich nur die Kooperation zwischen steuerbegünstigten Körperschaften. Betriebe gewerblicher Art sind jedoch keine eigenständigen Körperschaften, sondern unselbständige Einrichtungen von einer juristischen Person des öffentlichen Rechts. Strenggenommen wären sie daher von § 57 Abs. 3 AO nicht erfasst. Andererseits liegt auch bei Betrieben gewerblicher Art das Handeln einer Körperschaft zugrunde, da sie nur einen unselbständigen Teil der juristischen Person öffentlichen Rechts darstellen. Der BFH entschied in diesem Zusammenhang, dass dieser rechtliche Rahmen auch hinsichtlich der Entscheidung, wer Steuersubjekt ist, zu dem Ergebnis führt, dass die juristische Person des öffentlichen Rechts selbst als Steuersubjekt anzusehen ist.[5] Im Jahr 2017 hat sich der BFH auch mit der Gemeinnützigkeit von Betrieben gewerblicher Art befasst.[6] Demnach sind die Gemeinnützigkeitsbestimmungen dann auf die öffentliche Hand anwendbar, wenn die juristische Person des öffentlichen Rechts durch einen Betrieb gewerblicher Art zur Privatwirtschaft in Wettbewerb tritt.

---

1 Vgl. Gesetzesbegründung mit entgegengesetzter Intention, BT-Drucks. 19/25160 S. 202.
2 Vgl. etwa BFH, Urteil v. 12.7.2012 - I R 106/10, BStBl 2012 II S. 837.
3 Vgl. BFH, Urteil v. 31.10.1984 - I R 21/81, BStBl 1985 II S. 162; AEAO zu § 59, Nr. 2.
4 Vgl. auch Palm in Winheller/Geibel/Jachmann-Michel, Gesamtes Gemeinnützigkeitsrecht, 2. Auflage 2020, 3.8, Rz. 30.
5 Vgl. BFH, Urteil v. 13.3.1974 - I R 7/71, BStBl 1974 II S. 391; H 4.1 KStR.
6 Vgl. BFH, Urteil v. 18.10.2017 - V R 46/16, BStBl 2018 II S. 672.

Damit ist die juristische Person öffentlichen Rechts auch hinsichtlich der Anwendung der gemeinnützigkeitsrechtlichen Vorschriften Steuersubjekt im Rahmen der Besteuerung ihrer Betriebe gewerblicher Art.[1]

Vor diesem rechtlichen Hintergrund ist davon auszugehen, dass der Begriff „Körperschaft" in § 57 Abs. 3 AO auch die juristischen Personen öffentlichen Rechts mit ihren Betrieben gewerblicher Art umfasst. Die Anwendung von § 57 Abs. 3 AO kann hier für zwei Fallgruppen in Betracht kommen. Zum einen für solche Betriebe gewerblicher Art, die bereits gemeinnützig sind, und zum anderen für solche, die es aufgrund der Neuregelung werden könnten. Für die *bereits gemeinnützigen Betriebe gewerblicher Art* gelten die Ausführungen zu den gemeinnützigen Körperschaften analog (vgl. unter V.4.a)). Hier ist ebenfalls zu prüfen, ob die erbrachten Funktionsleistungen zur Verwirklichung steuerbegünstigter Zwecke eingesetzt werden. Liegt ein planmäßiges Zusammenwirken i. S. d. § 57 Abs. 3 AO zwischen einem gemeinnützigen Betrieb gewerblicher Art und einer anderen steuerbegünstigten Körperschaft vor, kommt es auch hier zu einer entsprechenden Merkmalsübertragung. Der Umfang der zweckbetrieblichen Tätigkeit der Betriebe gewerblicher Art kann sich somit vergrößern.

Betriebe gewerblicher Art, die bisher nicht gemeinnützig ausgestaltet waren, können unter Beachtung der Maßgaben des § 57 Abs. 3 AO ebenfalls in die Gemeinnützigkeit überführt werden. Dieser Wechsel in die Gemeinnützigkeit könnte insbesondere für Betriebe gewerblicher Art interessant sein, die hauptsächlich Funktionsleistungen erbringen, wie bspw. Mensabetriebe.

Die Neuregelung des § 57 Abs. 3 AO ist folglich auch für die öffentliche Hand durchaus von Interesse und führt auch hier zu einer Erleichterung hinsichtlich der Zusammenarbeit mit anderen steuerbegünstigten Körperschaften.

6. Fazit zu § 57 Abs. 3 AO

Die praktische Relevanz der Neuregelung des § 57 Abs. 3 AO ist enorm. Die Gestaltungsmöglichkeiten eines arbeitsteiligen Zusammenwirkens werden nicht nur für größere gemeinnützige Konzerne, sondern auch für kleine steuerbegünstigte Einrichtungen erheblich erweitert. Durch die Überführung von bislang gewerblichen Gesellschaften in die Gemeinnützigkeit wird es zudem zu einer generellen Ausdehnung gemeinnütziger Tätigkeiten kommen. Neben den ertragsteuerlichen Vorteilen, die das planmäßige Zusammenwirken mit sich bringt, wird die Inanspruchnahme der Norm auch einen nicht unbeachtlichen positiven Effekt auf die gemeinnützigkeitsrechtliche Mittelverwendung zur Folge haben. Insbesondere die Überlassung von Grundvermögen wird in Zukunft

---

[1] Vgl. ebenso Kahsnitz, Der Betrieb gewerblicher Art als Steuerrechtssubjekt sui generis, DStR 2019 S. 1017.

häufig keine Mittelverwendungsprobleme mehr hervorrufen. Die weite Ausgestaltung der Neuregelung ist besonders zu begrüßen.

Wie sich die Finanzverwaltung hinsichtlich der Anwendung des § 57 Abs. 3 AO positionieren wird, ist allerdings bisher unklar. Zahlreiche Fragestellungen werden durch die Gesetzesbegründung nicht ausreichend beantwortet. Die für die praktische Umsetzung eines planmäßigen Zusammenwirkens erforderliche Satzungsanpassung wird bspw. nicht weiter konkretisiert. Dies ist bedauerlich, da eine rechtssichere Anwendung der Neuregelung vor diesem Hintergrund nicht gegeben ist. Auch hinsichtlich der zeitlichen Anwendbarkeit liegt bisher keine Verlautbarung seitens der Finanzverwaltung vor; hier wäre vornehmlich für die bislang gewerblichen Gesellschaften eine Billigkeitsregelung wünschenswert. Diese Unsicherheiten werden vielfach eine verbindliche Abstimmung mit der Finanzverwaltung erforderlich machen und somit die tatsächliche Anwendung des neuen § 57 Abs. 3 AO verzögern. Es bleibt zu hoffen, dass etwaige Anträge auf verbindliche Auskunft trotz fehlender Verwaltungsanweisung entschieden werden können. Die geplanten Beratungen der obersten Finanzbehörden von Bund und Ländern zur Anpassung des AEAO werden voraussichtlich zeitnah neue Erkenntnis zur Haltung der Finanzverwaltung mit sich bringen.

VI. § 57 Abs. 4 AO – Konzernstrukturen

§ 57 Abs. 4 AO wurde zum 29. Dezember 2020 mit folgendem Wortlaut in das Gesetz eingefügt:

„Eine Körperschaft verfolgt ihre steuerbegünstigten Zwecke auch dann unmittelbar im Sinne des Absatzes 1 Satz 1, wenn sie ausschließlich Anteile an steuerbegünstigten Kapitalgesellschaften hält und verwaltet."

1. Grundgedanke und Anwendungsbereich

Die Neuregelung des § 57 Abs. 4 AO geht auf den gleichen Leitgedanken wie auch § 57 Abs. 3 AO zurück. In beiden Fällen soll eine wirtschaftliche Betrachtungsweise gelten, so dass es auf das Gesamtbild der Verhältnisse und nicht auf die gewählten Strukturen ankommt.[1] Laut Gesetzesbegründung soll es daher nicht mehr zu einer Gefährdung der Gemeinnützigkeit kommen, wenn eine steuerbegünstigte Körperschaft all ihre operativen Tätigkeiten auf Beteiligungsgesellschaften ausgliedert. Dazu sieht § 57 Abs. 4 AO vor, dass eine Körperschaft ihre steuerbegünstigten Zwecke auch durch das ausschließliche Halten von Beteiligungen an steuerbegünstigten Kapitalgesellschaften unmittelbar verwirklicht. Ebenso wie § 57 Abs. 3 AO handelt es sich bei der Regelung des § 57

---

1 Vgl. BT-Drucks. 19/25160 S. 202.

Abs. 4 AO um eine Art der Zweckverwirklichung und nicht um einen eigenständigen Satzungszweck.[1] Das Halten der Beteiligungen muss daher den vorhandenen Satzungszwecken der Körperschaft dienen.

Die Rechtsfolgen des § 57 Abs. 4 AO hängen anders als die des § 57 Abs. 3 AO nicht von einer Satzungsänderung ab. Die Sphärenzuordnung der entsprechenden Beteiligungen zum Zweckbetrieb erfolgt somit automatisch und ohne Wahlrecht. § 57 Abs. 4 AO fordert, dass durch das Halten der Beteiligungen die eigenen Satzungszwecke der Holdingkörperschaft gefördert werden. Vor diesem Hintergrund ist davon auszugehen, dass die Satzungszwecke der Holdingkörperschaft und die ihrer Tochter- bzw. Beteiligungsgesellschaften zumindest teilweise identisch sein müssen.

Die Regelung richtet sich zunächst an reine Holdinggesellschaften, die ausschließlich Beteiligungen an steuerbegünstigten Körperschaften halten. Das Wort „ausschließlich" bezieht sich in diesem Zusammenhang auf das Halten der Beteiligungen. Demnach führt allein das Halten von Beteiligungen an steuerbegünstigten Kapitalgesellschaften zu einer unmittelbaren Zweckverwirklichung während Beteiligungen an gewerblichen Gesellschaften weiterhin der Vermögensverwaltung zuzuordnen sind.[2] Der Gemeinnützigkeitsstatus kann dabei u. E. nicht durch die (mittelbare) Beteiligung an gewerblichen Kapitalgesellschaften gefährdet werden.[3]

§ 57 Abs. 4 AO ist dem Wortlaut nach auf reine Holdingkörperschaften adressiert, die neben dem Halten von Beteiligungen keine operativen Tätigkeiten erbringen. Insbesondere in diesen Konstellationen wurde die Gemeinnützigkeit der Holdingkörperschaft seitens der Finanzverwaltung oftmals hinterfragt (vgl. zur Problemstellung unter IV.2.d)). Die Neuregelung sichert daher nun auch für diese Körperschaften eine unmittelbare Zweckverfolgung und somit die Anerkennung der Gemeinnützigkeit. In vergleichbaren Fällen, etwa wenn die Holdingkörperschaft in geringem Umfang selbst einen Zweckbetrieb unterhielt oder als Förderkörperschaft ausgestaltet war, kam es zumeist nicht zu einer ernsthaften Diskussion hinsichtlich der Gemeinnützigkeit. Die Ermöglichung der unmittelbaren Zweckverfolgung über das Halten von Beteiligungen war mithin für reine Holdingkörperschaften von besonderer Bedeutung. Ist die Regelung des § 57 Abs. 4 AO auf den ersten Blick auf reine Holdingkörperschaften ausgelegt, findet sie darüber hinaus *erst recht* auf Holdingkörperschaften Anwendung, die neben dem Halten von Beteiligungen eine operative Tätigkeit verfolgen.[4] Eine Holdingkörperschaft verwirklicht durch das Hal-

---

1 So auch Exner, Aktuelles zum Gemeinnützigkeitsrecht aus Sicht der Finanzverwaltung, npoR 2021 S. 63.
2 Vgl. AEAO zu § 64, Nr. 3 Satz 4, ebenso BFH, Urteil v. 25.8.2010 - I R 97/09, BFH/NV 2011 S. 312, NWB WAAAD-59084.
3 So auch Exner, Aktuelles zum Gemeinnützigkeitsrecht aus Sicht der Finanzverwaltung, npoR 2021 S. 63.
4 Vgl. auch Kirchhain, Im zweiten Anlauf durch die Hintertür: Umfassende Änderungen für gemeinnützige Organisationen und deren Förderer durch das JStG 2020, DStR 2021 S. 129.

ten von Beteiligungen an steuerbegünstigten Kapitalgesellschaften demnach auch dann nach § 57 Abs. 4 AO ihre Zwecke unmittelbar, wenn sie daneben einen steuerpflichtigen wirtschaftlichen Geschäftsbetrieb oder Tätigkeiten der Vermögensverwaltung unterhält.[1]

Neben der Absicherung der Gemeinnützigkeit von Holdingkörperschaften führt die Neuregelung auch zu einem „Paradigmenwechsel" hinsichtlich der Sphärenzuordnung von Beteiligungen an steuerbegünstigten Körperschaften.[2]

2. Auswirkung auf die Sphärenzuordnung

Finanzverwaltung und Rechtsprechung gingen bisher davon aus, dass Beteiligungen an (steuerbegünstigten) Kapitalgesellschaften grundsätzlich der Sphäre der Vermögensverwaltung zuzuordnen sind (vgl. ausführlich unter IV.2.).[3] In Ausnahmefällen stand auch die Zuordnung zum steuerpflichtigen wirtschaftlichen Geschäftsbetrieb zur Diskussion, wenn entscheidender Einfluss auf die Geschäftsführung der Beteiligungsgesellschaft genommen wurde und die Trägerkörperschaft dadurch selbst am allgemeinen wirtschaftlichen Geschäftsverkehr teilnahm.[4] § 57 Abs. 4 AO macht diese Sichtweise nunmehr unmöglich, da anerkannt wird, dass auch Beteiligungen der Verfolgung gemeinnütziger Zwecke dienen können. Gefordert wird eine gemeinnützigkeitsrechtliche Gesamtbetrachtung, die nicht mehr nur auf die Struktur der Zweckverfolgung abstellt.[5] Folglich handelt es sich auch bei den gehaltenen Beteiligungen i. S. d. § 57 Abs. 4 AO um nutzungsgebundenes Vermögen (§ 55 Abs. 1 Nr. 5 Satz 2 AO). Die Beteiligungen sind somit entweder der **ideellen Sphäre** oder dem **Zweckbetrieb** zuzuordnen.[6] Diese Argumentation muss auch für Beteiligungen an steuerbegünstigten Körperschaften gelten, die nicht von Holdingkörperschaften gehalten werden.

Ertragsteuerlich ergeben sich durch die geänderte Sphärenzuordnung keine Auswirkungen, da sowohl die Vermögensverwaltung als auch der Zweckbetrieb steuerlich begünstigt sind. Aus diesem Grund eröffnet der Wechsel aus der Vermögensverwaltung in den Zweckbetrieb auch nicht den Anwendungsbereich des § 13 KStG.[7] Eine Aufdeckung

---

1 Vgl. Exner, Aktuelles zum Gemeinnützigkeitsrecht aus Sicht der Finanzverwaltung, npoR 2021 S. 63.
2 Vgl. Hüttemann, Änderungen des Gemeinnützigkeits- und Spendenrechts durch das Jahressteuergesetz 2020, DB 2021 S. 72.
3 Vgl. AEAO zu § 64, Nr. 3 Satz 4 ff., ebenso BFH, Urteil v. 25.8.2010 - I R 97/09, BFH/NV 2011 S. 312, NWB WAAAD-59084.
4 Vgl. BFH, Urteil v. 30.6.1971 - I R 57/70, BStBl 1971 II S. 753, vgl. ausführlich Weitemeyer, Fallstricke der gGmbH, GmbHR 2021 S. 57 - 64 f.
5 Vgl. BT-Drucks. 19/25160 S. 202.
6 Ebenso Hüttemann, Änderungen des Gemeinnützigkeits- und Spendenrechts durch das Jahressteuergesetz 2020, DB 2021 S. 72.
7 Vgl. dazu auch Kirchhain, Im zweiten Anlauf durch die Hintertür: Umfassende Änderungen für gemeinnützige Organisationen und deren Förderer durch das JStG 2020, DStR 2021 S. 129.

etwaiger stiller Reserven hat damit nicht zu erfolgen. Wesentliche Verbesserungen ergeben sich jedoch im Bereich der gemeinnützigkeitsrechtlichen **Mittelverwendung**. Die Zuordnung von Beteiligungen an steuerbegünstigten Kapitalgesellschaften zum Zweckbetrieb ermöglicht auch in diesem Bereich den Einsatz zeitnah zu verwendender Mittel. Dies ist beim Erwerb von Beteiligungen ebenso vorteilhaft wie bei der Ausgliederung eines Geschäftsfeldes auf eine Tochtergesellschaft. In diesem Zusammenhang wird auch die Überführung von bislang gewerblichen Servicegesellschaften in die Gemeinnützigkeit gem. § 57 Abs. 3 AO für gemeinnützige Trägerkörperschaften weitere Vorteile mit sich bringen. Denn auch in diesen Fällen würde es zu einem Sphärenwechsel der Beteiligung aus der Vermögensverwaltung in den Zweckbetrieb kommen. An dieser Stelle ist zu hinterfragen, ob es zu einem Wiederaufleben bisher eingesetzter freier Mittel kommen kann (vgl. dazu bereits unter V.4.). Zumeist waren die Beteiligungen an den Tochtergesellschaften durch den Einsatz nicht zeitnah zu verwendender Mittel zu „finanzieren", da es sich um Investitionen in der Sphäre der Vermögensverwaltung handelte. Diese Beteiligungen vollziehen aufgrund der Neuregelung des § 57 Abs. 4 AO einen Sphärenwechsel in den Zweckbetrieb, so dass eine Finanzierung durch zeitnah zu verwendende Mittel möglich ist. Vor diesem Hintergrund dürfte es sachgerecht erscheinen, dass zuvor für die Finanzierung der Beteiligung während der Zugehörigkeit zur Vermögensverwaltung eingesetzte freie Mittel der Höhe nach ihre Eigenschaft als freie Mittel wieder zurückerlangen (Wiederaufleben als freie Mittel).

ZUSAMMENFASSENDES BEISPIEL Die Krankenhaus-Stiftung gliedert ihren Krankenhausbetrieb auf ihre gemeinnützige Tochtergesellschaft die Krankenhaus gGmbH aus (100 %-Beteiligung). Die Speisenversorgung wird durch die gewerbliche Küchen GmbH sichergestellt. Die Krankenhaus-Stiftung überlässt der Küchen GmbH die erforderlichen Räumlichkeiten und Gerätschaften (= wesentliche Betriebsgrundlage). Neben dem Krankenhaus beliefert die Küchen GmbH in großem Umfang andere gewerbliche Unternehmen mit Speisen. Im Jahr 2022 wird die Küchen GmbH in die Gemeinnützigkeit überführt.

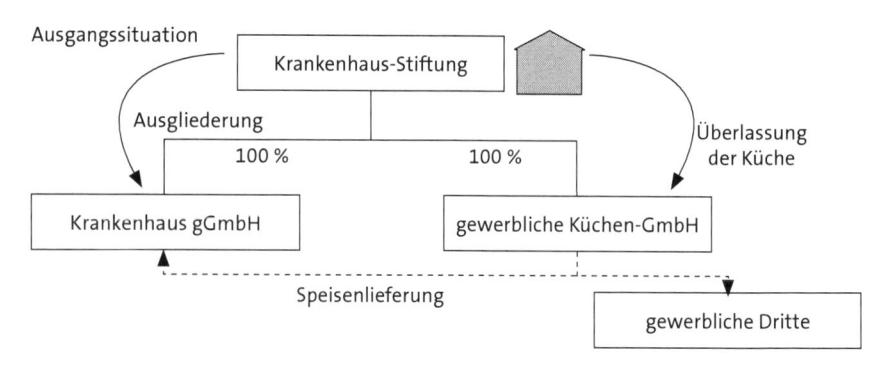

2. Auswirkung auf die Sphärenzuordnung

PROBLEMSTELLUNG ▶ Diese Fallgestaltung brachte bisher zahlreiche Probleme mit sich. Die Ausgliederung des Krankenhausbetriebs hatte für die Krankenhaus-Stiftung den Wechsel eines Zweckbetriebs in die Vermögensverwaltung zur Folge. Dieser Wechsel war durch den Einsatz freier (nicht zeitnah zu verwendender) Mittel zu finanzieren, was zu Liquiditätsproblemen führen konnte. Die Krankenhaus-Stiftung verfügte nach der Ausgliederung nicht mehr über eine eigene steuerbegünstigte Tätigkeit und konnte aufgrund dessen nicht mehr als gemeinnützig anerkannt werden. Die Betriebsaufspaltung durch die Überlassung der Küche an die Küchen-GmbH war bis dahin als steuerpflichtiger wirtschaftlicher Geschäftsbetrieb zu würdigen, während die Beteiligung der Vermögensverwaltung zuzuordnen war.

Die Neuregelungen des § 57 Abs. 3 und Abs. 4 AO ermöglichen nun eine abweichende steuerliche und gemeinnützigkeitsrechtliche Beurteilung:

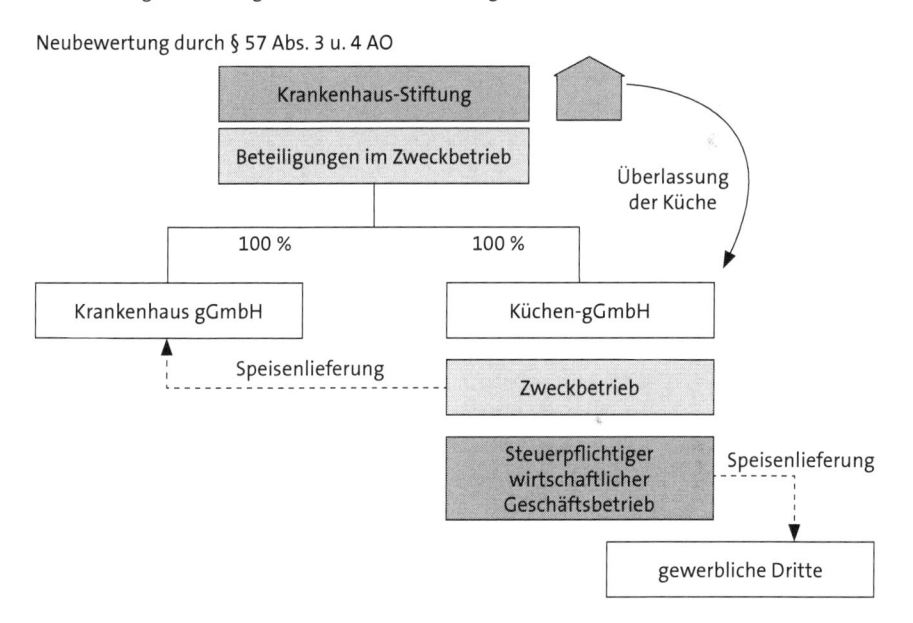

Neubewertung durch § 57 Abs. 3 u. 4 AO

§ 57 Abs. 3 AO ermöglicht die Überführung der Küchen-GmbH unter Fortführung der Gemeinnützigkeit, da diese durch das gemeinsame planmäßige Zusammenwirken mit der Krankenhaus gGmbH einen steuerbegünstigten Zweck unmittelbar verfolgt. Der Übergang führt auf Ebene der Krankenhaus-Stiftung dazu, dass die Beteiligung dem Zweckbetrieb zuzuordnen ist. Das gilt auch für die Beteiligung an der Krankenhaus gGmbH. Hier kommt es nicht mehr zu einem Sphärenwechsel, so dass die Ausgliederung ohne den Einsatz freier Mittel vollzogen werden kann. Damit steht auch die Gemeinnützigkeit der Krankenhaus-Stiftung nicht mehr auf dem Spiel.

Das Beispiel zeigt, dass die Regelung des § 57 Abs. 4 AO insbesondere im Zusammenhang mit Ausgliederungen zu einer erheblichen Vereinfachung führt und nunmehr auch der sog. „Share Deal" durch zeitnah zu verwendende Mittel finanziert werden kann.[1]

Für die Zuordnung der Beteiligungen zum Zweckbetrieb kommt es – § 57 Abs. 4 AO zur Folge – lediglich darauf an, dass die Beteiligung an einer steuerbegünstigten Gesellschaft gehalten wird. Einschränkungen hinsichtlich der Beteiligungsquote[2] oder einer Sperrwirkung bei Leistungsverflechtungen in den steuerpflichtigen Bereich ergeben sich weder aus dem Gesetzeswortlaut noch aus der Gesetzesbegründung. Daher kann im Beispiel auch die Beteiligung an der Küchen gGmbH dem Zweckbetrieb zugeordnet werden und zwar unabhängig davon, dass durch die Betriebsaufspaltung ein steuerpflichtiger wirtschaftlicher Geschäftsbetrieb vorliegt.[3] Da diese Rechtsauffassung bisher nicht von der Finanzverwaltung bestätigt wurde, sollten derartige Fälle aktuell noch durch einen Antrag auf verbindliche Auskunft (§ 89 Abs. 2 AO) abgesichert werden.

3. Fazit zu § 57 Abs. 4 AO

§ 57 Abs. 4 AO führt zu erheblichen Verbesserungen für Holdingkörperschaften. Diese konnten bisher nur dann als gemeinnützig anerkannt werden, wenn sie entweder selbst einen steuerbegünstigten Zweck unmittelbar verfolgten, sich einer Hilfsperson bedienten oder als Förderkörperschaft gem. § 58 Nr. 1 AO ausgestaltet waren. Durch die Regelung in § 57 Abs. 4 AO kommt eine weitere Möglichkeit der unmittelbaren Zweckverwirklichung hinzu, die die Gemeinnützigkeit der Holdingkörperschaften allein durch das Halten von entsprechenden Beteiligungen ermöglicht.

Die effektive Ausgestaltung von Holding- bzw. Konzernstrukturen wird durch die Neuregelung und die damit einhergehenden neuen Gestaltungsalternativen vereinfacht. Zukünftig sind gemeinnützige Holdingstrukturen auch ohne Etablierung einer weiteren steuerbegünstigten eigenen Tätigkeit der Holdingkörperschaft möglich. Für die umsatzsteuerliche Organschaft ist allerdings weiterhin zu beachten, dass der Organträger die Unternehmereigenschaft besitzen muss.

---

[1] Ebenso Hüttemann, Änderungen des Gemeinnützigkeits- und Spendenrechts durch das Jahressteuergesetz 2020, DB 2021 S. 72.
[2] So auch Kirchhain, Im zweiten Anlauf durch die Hintertür: Umfassende Änderungen für gemeinnützige Organisationen und deren Förderer durch das JStG 2020, DStR 2021 S. 129.
[3] Ebenso Kirchhain, Im zweiten Anlauf durch die Hintertür: Umfassende Änderungen für gemeinnützige Organisationen und deren Förderer durch das JStG 2020, DStR 2021 S. 129.

VII. § 58 Nr. 1 und § 58a AO

1. Einleitung zu § 58 Nr. 1, § 58a AO

Die Vorschrift des § 58 AO enthält eine Reihe von Regelungen, die als gemeinnützigkeitsrechtlich **unschädliche Betätigungen** dargestellt werden. Mithin werden durch die Sonderregelung Tätigkeiten von steuerbegünstigten Körperschaften, mit denen dem Grunde nach gegen die Grundsätze des Gemeinnützigkeitsrechts (Selbstlosigkeit, Ausschließlichkeit und Unmittelbarkeit) verstoßen wird, als Rückausnahme wiederum der zulässigen gemeinnützigkeitsrechtlichen Zweckverwirklichung zugeführt.

Zwei der wichtigsten aber auch umstrittensten Ausnahmeregelungen sind bzw. waren in § 58 Nr. 1 AO (sog. **Förderkörperschaftsregelung**) und in § 58 Nr. 2 AO a. F. (**beschränkte Mittelweiterleitung**) gesetzlich verankert. Sowohl die Voraussetzungen als auch die Anwendungsreichweite beider Vorschriften waren differenziert ausgestaltet, während der Sinn und Zweck und die mit den Regelungen verbundene Zielrichtung zumindest weitestgehend deckungsgleich waren.

2. Förderklausel gem. § 58 Nr. 1 AO a. F.

Im Rahmen von § 58 Nr. 1 AO a. F. wurde die Mittelbeschaffung und deren Weiterleitung für die Verwirklichung steuerbegünstigter Zwecke einer anderen steuerbegünstigten Körperschaft oder einer Körperschaft des öffentlichen Rechts als gemeinnützigkeitsrechtlich unschädliche Betätigung qualifiziert. Wesensmerkmal der Vorschrift – in Abgrenzung zu § 58 Nr. 2 AO a. F. – war, dass eine Mittelweiterleitung ohne Begrenzung der Höhe nach möglich war. Zudem war es unerheblich, ob die beschafften und weitergeleiteten Mittel durch die Empfängerkörperschaft unmittelbar selbst für eine operative steuerbegünstigte Tätigkeit verwendet wurden oder diese Mittel gleichfalls wiederum an anderen Körperschaften bzw. Körperschaften des öffentlichen Rechts weitergeleitet worden sind.[1] Entscheidend wurde darauf abgestellt, dass die Mittel zumindest final für steuerbegünstigte Zwecke verwendet werden.

Ferner musste für die Anwendung der sog. Förderklausel auch eine **(Teil-)Identität** der steuerbegünstigten Zwecke i. S. d. §§ 52 bis 54 AO zwischen der Förderkörperschaft und der Empfängerkörperschaft bestehen und die Mittelverwendung bei der Empfängerkörperschaft auch für den satzungsmäßig identischen Zweck verwendet werden.[2]

---

[1] Vgl. Buchna/Leichinger/Seeger/Brox, Gemeinnützigkeit im Steuerrecht, 11. Auflage, S. 196.
[2] Vgl. BFH, Urteil v. 25.6.2014 - I R 41/12, BFH/NV 2015 S. 235, NWB YAAAE-81769.

In der Praxis gab es für die Förderkörperschaften jedoch stets Ungewissheit dahingehend, ob die weitergeleiteten Mittel auch tatsächlich zweckentsprechend durch die Empfängerkörperschaft verwendet wurden.

Zur Beseitigung dieser Unsicherheit wurde in der Praxis von der Empfängerkörperschaft regelmäßig ein Freistellungsbescheid, eine Anlage zum KSt-Bescheid oder ein sog. § 60a-Bescheid verlangt. Ergänzend dazu, dies betraf auch Mittelweiterungen an Körperschaften des öffentlichen Rechts, wurden zu Nachweiszwecken nicht selten sog. **Mittelzuwendungsvereinbarungen** schriftlich geschlossen. In diesem Rahmen musste sich die Empfängerkörperschaft zu einer gemeinnützigkeitsrechtlich unschädlichen Verwendung vertraglich verpflichten.

Mit § 58 Nr. 1 AO a. F. wurde eine Ausnahme zum Grundsatz der Unmittelbarkeit gem. § 57 AO geschaffen,[1] wobei stets strittig war, ob diese Regelung nicht sogar als Erweiterung der steuerbegünstigten Zwecke, mithin sogar als eigenständiger steuerbegünstigter Zweck neben den §§ 52 bis 54 AO, zu interpretieren sei.[2] Gründe für eine solche Annahme gab es durchaus ausreichend. Einerseits musste die Vorschrift bzw. deren Regelungsgehalt, um überhaupt von einer steuerbegünstigten Körperschaft angewendet werden zu können, **satzungsmäßig** verankert sein. Andererseits wurde es für die Anerkennung der Steuerbegünstigung nach den §§ 51 ff. AO als ausreichend angesehen, wenn die sog. Förderkörperschaftsregelung als einziger Satzungszweck in dem Statut der Körperschaft (Satzung, Stiftungsgeschäft, Gesellschaftsvertrag) aufgenommen wurde. Eine weitergehende operative Tätigkeit zur Förderung steuerbegünstigter Zwecke wurde dann nicht mehr gefordert.

Der gesetzessystematische Ansatz im Rahmen von § 58 Nr. 1 AO a. F. „nur" von einer unschädlichen Betätigung auszugehen, mithin die Fördertätigkeit lediglich als gemeinnützigkeitsunschädliches **Nebenzweckprivileg** verstehen zu wollen, erschien vor dem Hintergrund der vorbezeichneten Gründe verfehlt. Vielmehr konnte und musste im Rahmen der satzungsmäßigen Fördertätigkeit von einer echten Zweckerweiterung ausgegangen werden, die allerdings im gesetzessystematischen Zusammenhang besser als Ergänzung zu den gemeinnützigen, mildtätigen und kirchlichen Zwecken der §§ 52 bis 54 AO geregelt worden wäre.

In der praktischen Anwendung der Förderkörperschaftsregelung gab es nicht selten Auseinandersetzungen mit der Finanzverwaltung, da diese die Auslegung der Vorschrift je nach Bundesland unterschiedlich restriktiv gehandhabt hat. Dabei standen reine Förderkörperschaften (z. B. spendensammelnde Organisationen, Fördervereine) weniger im

---

[1] BFH, Urteil v. 13.9.1989 - I R 19/85, BStBl 1990 II S. 28, NWB FAAAA-93152.
[2] Vgl. Hüttemann in Gemeinnützigkeit im Spendenrecht, 3. Auflage, Kapitel 3 Rz. 185.

Fokus, da diese regelmäßig nur die „beschafften Mittel", also Spenden etc., an andere steuerbegünstigte Körperschaften weitergeleitet haben.

Doch eine Vielzahl steuerbegünstigter Körperschaften waren (und sind) als **hybride Organisationsformen** aufgestellt. Darunter sind Körperschaften zu verstehen, die neben der Anerkennung als Förderkörperschaft i. S. d. § 58 Nr. 1 AO a. F. auch eigene operative Tätigkeiten zur Förderung satzungsmäßiger steuerbegünstigter Zwecke wahrnehmen. In derartigen Fällen wurde bei Mittelweiterleitungen durch die Finanzverwaltung nicht selten strittig hinterfragt, welche Mittel im Rahmen der Fördertätigkeit weitergeleitet wurden. Soweit es sich dabei um Mittel aus der operativen steuerbegünstigten (Zweckbetriebs-)Tätigkeit gehandelt hat, wurde dies unberechtigterweise häufig bemängelt. Die Finanzverwaltung hat sich in diesen Fällen gerne an einer wortgetreuen Auslegung der gesetzlichen Vorschrift orientiert und ließ nur *„zur Weiterleitung beschaffte Mittel"* als unschädliche Fördertätigkeit zu.

Mangels einer gesetzlichen Definition mit Blick auf die Mittelbeschaffung i. S. d. § 58 Nr. 1 AO a. F. konnte nur eine gesetzessystematische Auslegung weiterhelfen und in diesem Kontext wurde der allgemeine Mittelbegriff zugrunde gelegt. Darauf aufbauend wurde in der Literatur[1] überwiegend die Auffassung vertreten, dass unter der Mittelbeschaffung, die Beschaffung von Vermögenswerten zur Weiterleitung an steuerbegünstigte Körperschaften zu verstehen sei und damit **„sämtliche Vermögenswerte"** im Rahmen der Förderklausel eingesetzt werden können. Daraus resultierend und aus hiesiger Sicht auch berechtigt, war eine Unterscheidung der Mittelherkunft bei deren Weiterleitung im Rahmen der Förderklausel nicht vorzunehmen.

3. Mittelzuwendungen gem. § 58 Nr. 2 AO a. F.

Mittelweiterleitungen bzw. Zuwendungen gegenüber anderen steuerbegünstigten Körperschaften bzw. an Körperschaften des öffentlichen Rechts konnten jedoch auch ohne satzungsmäßige Regelung des § 58 Nr. 1 AO a. F. vorgenommen werden. Hierfür galt es, die im Vergleich zur Förderkörperschaftsregelung wesentlich geringeren Voraussetzungen des § 58 Nr. 2 AO a. F. einzuhalten.

Wesentliches Abgrenzungsmerkmal von § 58 Nr. 2 AO a. F. zur sog. Förderkörperschaftsregelung gem. § 58 Nr. 1 AO a. F. war, dass für eine Zuwendung von Mitteln an eine andere steuerbegünstigte Körperschaft oder eine Körperschaft des öffentlichen Rechts weder eine satzungsmäßige Verankerung beim Zuwendungsgeber, noch eine Identität der steuerbegünstigten Zwecke zwischen dem Zuwendungsgeber und dem Zuwendungsempfänger erforderlich war. Mithin konnte aus einer Tätigkeit nach § 58 Nr. 2 AO a. F. – anders als § 58 Nr. 1 AO a. F. – keine Steuerbegünstigung für die Körperschaft

---

1 Vgl. u. a. Buchna/Leichinger/Seeger/Brox, Gemeinnützigkeit im Steuerrecht, 11. Auflage, S. 202.

gem. §§ 51 ff. AO abgeleitet werden. Vielmehr musste die Körperschaft unmittelbar selbst operative steuerbegünstigte Zwecke verfolgen, um den Status als steuerbegünstigte Körperschaft erlangen zu können.

Einengendes Tatbestandsmerkmal für § 58 Nr. 2 AO a. F. war indes, dass der Zuwendungsgeber seine Mittel nur „**teilweise**" weiterleiten durfte. Die Bemessung der maximal zulässigen Mittelzuwendungen bezog sich dabei auf das **Nettovermögen** (Vermögenswerte abzüglich Verbindlichkeiten) der steuerbegünstigten Geberkörperschaft und durfte die Grenze von **50 %** nicht überschreiten.[1]

Auch bei den Mittelzuwendungen nach § 58 Nr. 2 AO a. F. musste der Zuwendungsgeber nachweisen können, dass er die Mittel gemeinnützigkeitskonform und entsprechend der Voraussetzungen der Vorschrift zugewendet hat. Von daher wurden in der Praxis auch hierfür die bereits o. g. zu § 58 Nr. 1 AO a. F. dargestellten **Nachweisdokumente** angefordert, um nicht im Nachhinein die eigene Gemeinnützigkeit zu gefährden.

Wenngleich die Voraussetzungen und die systematische Einordnung der beiden Vorschriften von § 58 Nr. 1 und § 58 Nr. 2 AO a. F. grundlegend unterschiedlich sind, ist unter wirtschaftlicher Betrachtungsweise doch eine gewisse Vergleichbarkeit mit Blick auf das jeweilige Regelungsziel (Mitteweiterleitung bzw. -zuwendung zur Verwirklichung steuerbegünstigter Zwecke) zwischen den gesetzlichen Vorschriften festzustellen. Dies hat der Gesetzgeber im Rahmen des **Jahressteuergesetzes 2020**[2] erkannt und hat aus Gründen der **Rechtssicherheit** und einer **Erleichterung des Verwaltungsvollzugs**[3] beide Regelungsgehalte in der neuen Vorschrift des § 58 Nr. 1 AO n. F. zusammengefasst. Zudem wurde erstmalig eine gesetzliche Regelung zum Vertrauensschutz bei Mittelweitergaben in § 58a AO n. F. aufgenommen.

4. Mittelzuwendung nach § 58 Nr. 1 AO n. F.

Die durch den Gesetzgeber gewollte Zusammenfassung der §§ 58 Nr. 1, Nr. 2 AO a. F. hat in § 58 Nr. 1 AO n. F. folgende gesetzlichen Neuregelung gefunden:

„Die Steuervergünstigung wird nicht dadurch ausgeschlossen, dass

1. *eine Körperschaft einer anderen Körperschaft oder einer juristischen Person des öffentlichen Rechts Mittel für die Verwirklichung steuerbegünstigter Zwecke zuwendet. Mittel sind sämtliche Vermögenswerte der Körperschaft. Die Zuwendung von Mitteln an eine beschränkt oder unbeschränkt steuerpflichtige Körperschaft des privaten Rechts setzt voraus, dass diese selbst steuerbegünstigt ist. Beabsichtigt die Körperschaft, als*

---

[1] Vgl. AEAO zu § 58, Nr. 2 AO.
[2] BR-Drucks. 746/20.
[3] Vgl. BR-Drucks. 503/20 S. 67.

einzige Art der Zweckverwirklichung Mittel anderen Körperschaften oder juristischen Personen des öffentlichen Rechts zuzuwenden, ist die Mittelweitergabe als Art der Zweckverwirklichung in der Satzung zu benennen,
2. *aufgehoben"*

a) Mittelzuwendung für steuerbegünstigte Zwecke

Bei der durch das Jahressteuergesetzt 2020 überarbeiteten Neufassung des § 58 Nr. 1 AO n. F. fällt zunächst ins Auge, dass nach dem Wortlaut nicht mehr zwischen Mittelbeschaffung und Mittelweiterleitung differenziert wird. Als unschädliche Betätigung wird demnach die Zuwendung von Mitteln an eine andere (steuerbegünstigte) Körperschaft oder eine juristische Person des öffentlichen Rechts zur Verwirklichung steuerbegünstigter Zwecke gesehen.

Dem Gesetzgeber ist insoweit eine **Vereinheitlichung** der bisherigen unterschiedlichen Regelungen in § 58 Nr. 1 und Nr. 2 AO a. F. zur Mittelweitergabe bzw. zur Zuwendung von Mitteln von steuerbegünstigten Körperschaften an steuerbegünstigte Körperschaften bzw. juristische Personen des öffentlichen Rechts gelungen. Der Formulierungsansatz ist sehr zu begrüßen, werden dadurch doch vormals bestehende Unterschiede und auch die daraus erwachsenden Unsicherheiten in der Praxis bestmöglich beseitigt.

Erstmalig wird nunmehr eine gesetzliche Definition der **zuwendungsfähigen „Mittel"** aufgenommen, die im Rahmen der Neuregelung weitergeleitet werden dürfen. In § 58 Nr. 1 Satz 2 AO n. F. werden als Mittel i. S. d. Vorschrift *„sämtliche Vermögenswerte"* definiert. Mit dieser Klarstellung kommt es nunmehr grundsätzlich nicht mehr darauf an, ob diese Mittel für eine Mittelweitergabe *„beschafft"* wurden bzw. aus welcher steuerlichen Sphäre die Mittel entnommen werden. Mithin können Vermögenswerte sowohl aus der ideellen Sphäre, der Sphäre der Vermögensverwaltung als auch der Sphäre des wirtschaftlichen Geschäftsbetriebs (Zweckbetriebe und steuerpflichtige wirtschaftliche Geschäftsbetriebe) unschädlich entnommen und im Rahmen des § 58 Nr. 1 AO n. F. verwendet werden. Ferner besteht mit der begrifflichen Klarstellung *„sämtliche Vermögenswerte"* nunmehr auch Rechtssicherheit darüber, dass eine Zuwendung nicht nur mit **monetären Mitteln**, sondern u. a. auch durch unentgeltliche oder verbilligte **Dienstleistungen** bzw. **Nutzungsüberlassungen etc.** erfolgen kann.

BEISPIEL Steuerbegünstigte Körperschaften innerhalb eines Konzerns erbringen untereinander regelmäßig verschiedenste Leistungen bzw. Lieferungen, um Synergieeffekte zur Kostenreduktion optimal nutzen zu können. Hierbei kann es sich z. B. um Reinigungs-, Speiseversorgungs- oder Personalüberlassungsleistungen oder auch um Grundstücksüberlassungen handeln. Diese Leistungen i. w. S. werden innerhalb des Konzerns gegenüber steuerbegünstigten Körperschaften regelmäßig zu vergünstigten Konditionen gem. § 58 Nr. 1 AO abgegeben.

VII. § 58 Nr. 1 und § 58a AO

BEISPIEL MITTELWEITERGABE I.R.V. § 58 AO:

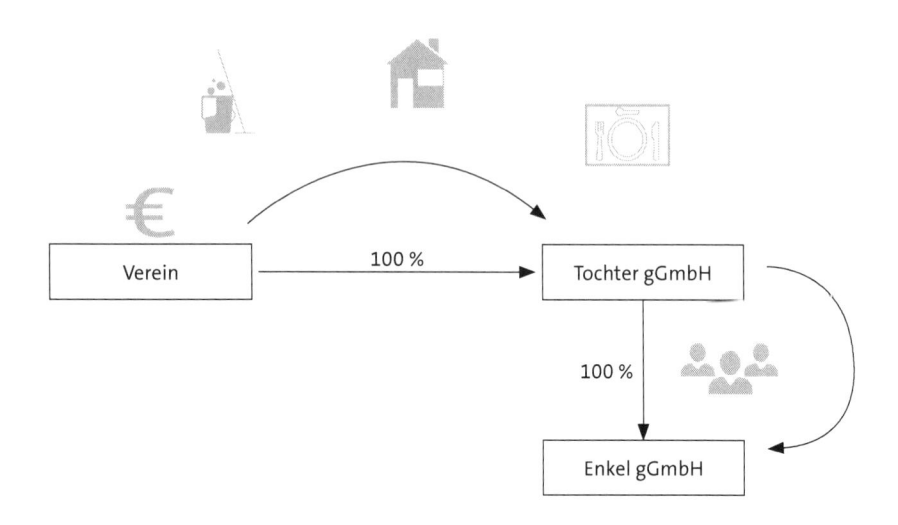

Diese gesetzgeberische Klarstellung hat enormen positiven Einfluss auf die Praxis, da zukünftig die strittigen Abgrenzungsfragen der Mittelherkunft im Rahmen von § 58 Nr. 1 AO n. F. der Vergangenheit angehören.

Dem Gesetzeswortlaut des § 58 Nr. 1 Satz 3 AO n. F. ist nunmehr (leider) ausdrücklich zu entnehmen, dass mit der Neuregelung **kein** eigenständiger, neben die §§ 52 bis 54 AO tretender, **steuerbegünstigter Zweck** in das Gemeinnützigkeitsrecht aufgenommen werden sollte. Es wird insoweit im Kontext der Mittelzuwendung ausdrücklich von der *„Art der Zweckverwirklichung"* gesprochen, die keine Annahme eines eigenständigen steuerbegünstigten Zwecks mehr rechtfertigen lässt. Dieser noch zur Altregelung vertretenen Auffassung wurde insoweit durch den Gesetzgeber eine klare Absage erteilt.

Eine Beschränkung des Umfangs der weitergabefähigen Mittel, so wie sie in der Altregelung zu § 58 Nr. 2 AO enthalten gewesen ist, findet sich in § 58 Nr. 1 AO n. F. zudem nicht. Vor diesem Hintergrund ist davon auszugehen, dass nicht nur eine teilweise, sondern vielmehr auch eine **umfassende Mittelweiterleitung** grundsätzlich möglich ist. Insoweit sollte allerdings sicherlich nicht unbeachtet bleiben, dass eine vollständige Mittelzuwendung im Rahmen dieser Vorschrift nur denkbar und sachdienlich ist, wenn es sich dabei um die einzige Art der Zweckverwirklichung i. S. d. § 58 Nr. 1 Satz 3 AO handelt.

Die Aufgabe der vermögensmäßigen Begrenzung ist gleichfalls zu begrüßen und dient insbesondere dazu, bürokratische Hürden auf der Ebene des Zuwendungsgebers zu reduzieren.

b) Mittelempfänger

An wen bzw. an welche Körperschaften die Mittelzuwendungen zukünftig zulässig sein werden, ergibt sich ausdrücklich aus der Vorschrift des § 58 Nr. 1 Satz 3 AO n. F. Danach können **Mittelempfänger** sein:

1. unbeschränkt steuerpflichtige Körperschaften
2. die in § 5 Absatz 2 Nummer 2 des Körperschaftsteuergesetzes aufgeführten Körperschaften (beschränkt steuerpflichtige Körperschaften)
3. juristische Personen des öffentlichen Rechts und
4. ausländische Körperschaften, bei denen die spätere Verwendung der Mittel für steuerbegünstigte Zwecke ausreichend nachgewiesen wird.

aa) Mittelzuwendung an unbeschränkt steuerpflichtige Körperschaften

Dem Grunde nach hat sich der Empfängerkreis im Rahmen von § 58 Nr. 1 AO n. F. mit Blick auf **unbeschränkt** steuerpflichtige Körperschaften des privaten Rechts – im Vergleich zur Vorgängerregelung – nicht geändert. Es wird insoweit vorausgesetzt, dass diese Körperschaften selbst steuerbegünstigt i. S. d. §§ 51 ff. AO sein müssen. Mithin muss die Körperschaft nach ihren satzungsmäßigen Regelungen und nach ihrer tatsächlichen Geschäftsführung ausschließlich und unmittelbar gemeinnützige, mildtätige oder kirchliche Zwecke fördern.

bb) Mittelzuwendung an beschränkt steuerpflichtige Körperschaften

Eine Neuerung wird allerdings zukünftig für *beschränkt* steuerpflichtige Körperschaften des Privatrechts gelten, nach der auch diese Körperschaften das Erfordernis der Steuerbegünstigung gem. §§ 51 ff. AO erfüllen müssen. Damit wird eine gewollte Verschärfung bei den Mittelempfängerkörperschaften erstmalig begründet.

In diesem Kontext können ausländische Körperschaften, die mit inländischen Bezügen unter die beschränkte Körperschaftsteuerpflicht fallen, nur noch dann entsprechende Mittelzuwendungen gem. § 58 Nr. 1 AO n. F. erhalten, wenn sie selbst als steuerbegünstigte Körperschaft in der Bundesrepublik Deutschland anerkannt sind.

Hieraus ist zu folgern, dass Mittelzuwendungen an beschränkt steuerpflichtige Körperschaften nur noch dann gemeinnützigkeitsrechtlich zulässig sind, wenn diese nach den Rechtsvorschriften eines Mitgliedstaats der Europäischen Union oder nach den Rechtsvorschriften eines Staates, auf den das Abkommen über den Europäischen Wirtschaftsraum anzuwenden ist, gegründet wurden und deren Sitz und Ort der Geschäftsleitung sich innerhalb des Hoheitsgebiets eines dieser Staaten befindet. Zudem muss die betreffende Empfängerkörperschaft alle Voraussetzungen des deutschen Gemeinnützigkeitsrechts i. S. d. §§ 51 ff. AO erfüllen.

Es ist insoweit davon auszugehen, dass nicht nur die unmittelbare und ausschließliche steuerbegünstigte Zweckverwirklichung gegeben, sondern damit auch die Anforderungen an die tatsächliche Geschäftsführung gem. § 63 AO mit den satzungsmäßigen Regelungen im Einklang stehen muss. Ferner haben beschränkt steuerpflichtige Körperschaften des privaten Rechts auch die restriktiven **formellen Satzungserfordernisse**[1] zu erfüllen. Hieran dürfte es in der Praxis und insoweit auch in der Mehrzahl der Fälle sicherlich scheitern. Ob diese restriktive Sichtweise und die damit einhergehenden Einschränkungen bei beschränkt steuerpflichtigen Körperschaften mit den EU-rechtlichen Vorgaben der Kapitalverkehrsfreiheit entsprechen, soll an dieser Stelle nicht weiterverfolgt werden, darf indes jedoch bezweifelt werden.

cc) Mittelzuwendung an ausländische Körperschaften

Ausländische Körperschaften, die nicht unter die beschränkte Körperschaftsteuerpflicht fallen, können nach der aktuellen Lesart der Neuregelung auch weiterhin Zuwendungen erhalten. In diesem Kontext ist die Zuwendung von Mitteln im Rahmen von § 58 Nr. 1 AO n. F. an ausländische Körperschaften auch außerhalb der EU/EWR, deren Tätigkeiten im Einklang mit den gemeinnützigkeitsrechtlichen Regelungen der §§ 51 ff. AO stehen, weiterhin gemeinnützigkeitsrechtlich zulässig.

Im Kontext mit Mittelweiterleitung an ausländische Körperschaften muss sich der Zuwendungsgeber zunächst damit auseinandersetzen und sicherstellen, dass es sich bei dem ausländischen Zuwendungsempfänger um eine *Körperschaft* i. S. d. Deutschen (Steuer-)Rechts handelt. Diese Abgrenzung wird – wie bereits in der Vergangenheit – bei den mannigfaltig existierenden ausländischen Rechtsformen häufig nicht ganz einfach sein. Die rechtlichen Schwierigkeiten in der Sache entlasten jedoch die steuerbegünstigte Geberkörperschaft nicht. Vielmehr ist in diesem Kontext darauf hinzuweisen, dass bei Auslandssachverhalten eine erhöhte Nachweispflicht gem. § 90 Abs. 2 AO anzunehmen ist.

Eine Entscheidungshilfe kann insoweit ein **BMF-Schreiben**[2] bieten, welches einen Typenvergleich von in- und ausländischen Körperschaften beinhaltet. Ansonsten ist darauf zu achten und auch nachweisbar für die Deutsche Finanzverwaltung zu prüfen,

---

[1] Vgl. Anlage 1 zu § 60 AO
[2] BMF, Schreiben v. 24.12.1999, BStBl 1999 I S. 1076.

inweit die ausländische Körperschaft steuerbegünstigte Zwecke i. S. d. deutschen Gemeinnützigkeitsrecht fördert.

c) Steuerbegünstigte Zweckidentität

Nicht ganz abschließend scheint bis dato die Klärung der Frage zu sein, ob auch im Rahmen der Neuregelung von § 58 Nr. 1 AO n. F. zwischen dem Zuwendungsgeber und dem Zuwendungsempfänger zumindest eine teilweise Zweckidentität bestehen muss. Aus der gesetzlichen Regelung lässt sich das Erfordernis einer Zweckidentität jedenfalls nicht unmittelbar ablesen. Doch auch in der Vorgängerregelung der sog. Förderklausel gem. § 58 Nr. 1 AO a. F. waren insoweit keine expliziten gesetzlichen Regelungen enthalten und wurde dieses Verständnis vielmehr durch die Finanzrechtsprechung[1] geprägt.

Die aus unserer Sicht vorzugswürdige und derzeit überwiegende Rechtsauffassung der Literatur[2] geht von einer Abkehr des Erfordernisses einer Zweckidentität aus. Diese im Auslegungswege nachvollziehbare Sichtweise kann einerseits dem wenig restriktiven Wortlaut der Vorschrift und andererseits der politischen Willensbildung[3] entnommen werden. Mithin wurde durch die Zusammenlegung der §§ 58 Nr. 1 und Nr. 2 AO a. F. in der Neufassung des § 58 Nr. 1 AO n. F. das gesetzgeberische Ziel von mehr **Rechtssicherheit** und einer gewissen **Entbürokratisierung** verfolgt. Zur Erreichung dieses Zieles wäre es wenig förderlich und sogar kontraproduktiv, wenn ein ungeschriebenes Tatbestandsmerkmal in die Vorschrift hineinzulesen wäre und damit deren Anwendungsbereich wiederum reduziert würde.

Zuwendungen i. S. d. § 58 Nr. 1 AO n. F. können daher auch an berechtigte Empfängerkörperschaften und zur Verwendung für deren steuerbegünstigte satzungsmäßige Zwecke getätigt werden, selbst wenn **keine Zweckidentität** zwischen Zuwendungs- und Empfängerkörperschaft besteht.

Die vorbezeichneten Entwicklungen einer nicht mehr erforderlichen Zweckidentität zwischen Mittelgeber und Mittelempfänger ist sehr zu begrüßen und wird hinsichtlich der **Satzungsgestaltungen** zu einer erheblichen Verschlankung führen. Denn aufgrund der noch zur alten Rechtslage vertreten Rechtsauffassung wurden in der Praxis die Satzungen der sog. Mittelbeschaffungskörperschaften häufig mit Blick auf die zu fördernden steuerbegünstigten Zwecke regelrecht überladen. Von daher konnte es bei derart überladenen Satzungsgestaltungen durchaus vorkommen, dass nicht sämtliche satzungs-

---

1 BFH, Urteil v. 25.6.2014 - I R 41/12, BFH/NV 2015 S. 235, NWB YAAAE-81769.
2 U.a. Kirchhain, DStR 2021 S. 129.
3 Vgl. BT-Drucks. 19/25160 S. 203.

mäßigen Zwecke mit der gleichen Intensität gefördert oder sogar der ein oder andere satzungsmäßige Zweck dauerhaft nicht gefördert wurde.

Das Gemeinnützigkeitsrecht sieht zwar kein Erfordernis vor, alle Zwecke gleichzeitig oder mit der gleichen Intensität zu fördern. Dennoch durften die Satzungszwecke keine reinen „Platzhalter" sein, sondern mussten vielmehr ernsthaft und nachhaltig gefördert werden. Von daher konnte es auch aus gemeinnützigkeitsrechtlicher Sicht problematisch sein, wenn einzelne satzungsmäßigen Zwecke (dauerhaft) nicht mehr durch Mittelweiterleitungen unterstützt wurden.[1]

Im Rahmen der Neuregelung von § 58 Nr. 1 AO n. F. gehören diese förmlichen Satzungsfragen der Vergangenheit an und die Satzungen bzw. Gesellschaftsverträge auch von reinen Mittelzuwendungskörperschaften können – zumindest aus steuerlicher Sicht – erheblich verschlankt werden.

d) Mitteltransfer bei Mittelzuwendungen

Zweifelsohne können im Rahmen von § 58 Nr. 1 AO sowohl Geld- als auch Sachmittel dem berechtigten Empfängerkreis zugewendet werden. Der Mitteltransfer begrenzt sich allerdings nicht allein darauf, sondern ist vielmehr extensiv dahingehend auszulegen, dass u. a. auch **Dienstleistungen** und **Nutzungsüberlassungen** unter den Mittelzuwendungsbegriff zu subsumieren sind.

Diese Sichtweise kann bereits der Definition des Mittelbegriffs in § 58 Nr. 1 Satz 2 AO n. F. entnommen werden, wonach Mittel *„sämtliche Vermögenswerte"* der Körperschaft sind. Der in diesem Kontext zum Ausdruck kommende gesetzgeberische Wille[2] lässt keinen echten Zweifel daran aufkommen, dass auch unentgeltliche oder verbilligte Dienstleistungen und/oder Nutzungsüberlassungen erfasst werden und damit ein Wertetransfer gemeinnützigkeitsrechtlich unschädlich erfolgen kann.

Dieser Wertetransfer bezieht sich auch auf sog. **nutzungsgebunde Vermögen**, mithin auf Wirtschaftsgüter, die mit gemeinnützigkeitsrechtlich zeitnah zu verwendenden Mitteln angeschafft wurden (vgl. ausführlichere Kommentierung mit Beispiel unter VII.4.f).

Im Lichte der gesetzlichen Neuerung zur Mittelzuwendung, aber auch mit Blick auf die Änderungen zu § 57 Abs. 3 AO n. F. und dem darin enthaltenen planmäßigen Zusammenwirken steuerbegünstigter Körperschaften, muss die Frage erlaubt sein, ob die Regelungen der §§ 58 Nr. 4 und Nr. 5 AO nicht **obsolet** sind. Denn sowohl die kostengünstige Überlassung von Arbeitskräften als auch die Überlassung von Räumlichkeiten an andere, ebenfalls steuerbegünstigte Körperschaften, wird nach dem Verständnis von

---
[1] Vgl. BFH, Urteil v. 23.7.2003, BStBl 2003 II S. 930.
[2] Vgl. BT-Drucks. 19/25160 S. 203.

§ 58 Nr. 1 AO n. F. als Fördertätigkeit oder als unmittelbare Zweckverwirklichung gem. § 57 Abs. 3 AO n. F. zu qualifizieren sein. Diesbezüglich bleibt abzuwarten, ob der Gesetzgeber nochmals nachlegen wird.

e) Satzungserfordernisse

Mit Blick auf die satzungsmäßigen Erfordernisse im Zusammenhang mit § 58 Nr. 1 AO n. F. ist grundsätzlich danach zu differenzieren, ob die steuerbegünstigte Körperschaft auch eigene steuerbegünstigte satzungsmäßige Zwecke operativ fördert oder die Fördertätigkeit gem. § 58 Nr. 1 Satz 4 AO n. F. die *„einzige Art der Zweckverwirklichung"* darstellt.

Aus dem Wortlaut der Vorschrift ist zu entnehmen, dass eine satzungsmäßige Regelung dann nicht erforderlich ist, wenn die betreffende Körperschaft auch eigene steuerbegünstigte Tätigkeiten operativ fördert. Diese Abkehr des zwingenden Satzungserfordernisses – wie sie noch in der Vorgängerregelung des § 58 Nr. 1 AO a. F. enthalten war – ist konsequent. Die Zulässigkeit der Mittelweitergabe wird nunmehr tatbestandlich geregelt und die bisher bestehenden Unterschiede in den Tatbeständen des § 58 Nr. 1 und Nr. 2 AO a. F. bei der Beschreibung des Vorgangs der Mittelweitergabe oder des divergierenden Empfängerkreises werden beseitigt. Dies führt zu der vom Gesetzgeber geforderten Rechtsklarheit und zur Vereinfachung des Verwaltungsvollzugs.

Der Grundsatz der **Satzungsklarheit** erfordert indes eine satzungsmäßige Regelung der Mittelzuwendungsregelung bei dem Zuwendungsgeber immer dann, wenn die Mittelweitergabe die *einzige Art der Zweckverfolgung* darstellt und daneben durch die Körperschaft gerade keine steuerbegünstigten Zwecke operativ gefördert werden. Ergänzend sei an dieser Stelle auch nochmals darauf hingewiesen, dass keine satzungsmäßige Zweckidentität zwischen Zuwendungsgeber und Zuwendungsempfänger erforderlich ist.

Bestandskörperschaften, die aufgrund von § 58 Nr. 1 AO a. F. die Förderkörperschaftsregelung in ihre Satzung bereits implementiert hatten, daneben aber auch steuerbegünstigte Zwecke der §§ 52 bis 54 AO unmittelbar selbst operativ fördern, sind aus hiesiger Sicht nicht unmittelbar zum Handeln verpflichtet. Der gesetzlichen Neuregelung kann insoweit keine unmittelbare Verpflichtung entnommen werden, Satzungen von hybriden Körperschaften dergestalt anzupassen, dass die Förderklausel aus dem jeweiligen Statut extrahiert werden muss.

Vielmehr sind **außersteuerliche Gründe** (u. a. Vereins-, Stiftungs- und Spendenrecht) dafür in den Blick zu nehmen, bestehende Satzungsregelungen zur Mittelweiterleitung auch nach der Neufassung des § 58 Nr. 1 AO n. F. weiterhin bestehen zu lassen, selbst wenn es nach den neuen gesetzlichen Regelungen keine explizite Verpflichtung zur satzungsmäßigen Ausgestaltung mehr gibt.

Obgleich durch die gesetzliche Klarstellung in § 58 Nr. 1 Satz 4 AO n. F. sichergestellt ist, dass es sich bei der neuen Zuwendungsregelung nicht um einen eigenständigen steuerbegünstigten Zweck handelt, könnte der nunmehr ggf. zulässige satzungsmäßige Verzicht darauf **zivilrechtliche Sanktionen** zur Folge haben. Von daher ist im Vorfeld der Überlegungen zur Anpassung insbesondere von Vereins- und Stiftungssatzungen eine rechtliche Überprüfung der Auswirkungen in Betracht zu ziehen. Auch spendenrechtliche Fragestellungen sind dabei in den Blick zu nehmen, da eine Zuwendung von (Spenden-)Mitteln im Rahmen des neuen § 58 Nr. 1 AO ohne satzungsmäßige Grundlage ggf. auch **Rückforderungsansprüche** der Zuwendungsgeber (Spender) begründen kann.

f) Abgrenzung zu § 57 Abs. 3 AO n. F.

Die Regelungsinhalte von § 57 Abs. 3 AO n. F. und § 58 Nr. 1 AO n. F. können in der praktischen Anwendung unter Umständen auch einer gewissen anwendungsbezogenen **Konkurrenzsituation** ausgesetzt sein. Entsprechende Abgrenzungsfragen zum **Anwendungsvorrang** zwischen den beiden Vorschriften können u. a. dann virulent werden, wenn eine steuerbegünstigte Körperschaft i. S. d. § 58 Nr. 1 AO n. F. unentgeltliche oder kostengünstige Dienstleistungen oder Nutzungsüberlassungen gegenüber einer anderen steuerbegünstigten Körperschaft für deren steuerbegünstigte Zweckverwirklichung erbringt.

Wie bereits dargestellt, ist die bezeichnete unentgeltliche oder verbilligte Leistungserbringung unter dem Regime von § 58 Nr. 1 AO n. F. als unschädliche Betätigung gemeinnützigkeitsrechtlich nicht zu beanstanden. Der Anwendungsbereich von § 57 Abs. 3 AO n. F. erstreckt sich jedoch darüber hinaus auch auf die marktübliche Abrechnung von Dienstleistungen und Nutzungsüberlassungen zwischen steuerbegünstigten Körperschaften, wenn zwischen diesen ein **planmäßiges Zusammenwirken** verabredet ist und dies zumindest bei dem Leistungserbringer satzungsgemäß verankert ist.

Beide Vorschriften haben eine divergierende Regelungsreichweite und unterschiedliche Rechtsfolgen. Eine Tätigkeit im Rahmen von § 57 Abs. 3 AO n. F. wird als unmittelbar steuerbegünstigte Zweckverwirklichung qualifiziert, während eine Leistung unter Anwendung von § 58 Nr. 1 AO n. F. lediglich als gemeinnützigkeitsrechtlich „unschädliche Betätigung" einzuordnen ist. Der Anwendungsbereich des § 57 Abs. 3 AO erfordert jedoch die Erfüllung eines eigenen steuerbegünstigten Satzungszwecks, welches die Neuregelung des § 58 Nr. 1 AO n. F. gerade nicht erfordert.

Es scheint insoweit sachgerecht zu sein, einen **Anwendungsvorrang** von § 57 Abs. 3 AO (lex specialis) zumindest dann zu bejahen, wenn mit der unentgeltlichen oder kostengünstigen Erbringung von Dienstleistungen bzw. Nutzungsüberlassungen gegenüber anderen steuerbegünstigten Körperschaften gleichzeitig auch eigene steuerbegünstigte satzungsmäßige Zwecke verfolgt werden.

Zweifelsohne werden sich in der praktischen Umsetzung der bezeichneten Vorschriften weitergehende Anwendungs- und Abgrenzungsfragen ergeben. Von daher wäre es durchaus wünschenswert, wenn die Bundesfinanzverwaltung möglichst zeitnah mit entsprechenden ergänzenden Erläuterungen mittels BMF-Schreibens und/oder mittels einer Änderung des AEAO reagiert. In diesem Kontext wäre es zudem sachdienlich, wenn die Finanzverwaltung eine offizielle Bestätigung bzw. Anerkennung des sog. **nutzungsgebundenen Vermögens** ausspricht. Denn gerade bei Umstrukturierungen im steuerbegünstigten Konzern war häufig strittig, ob eine miet- oder pachtweise Überlassung nutzungsgebundenen Vermögens an andere steuerbegünstigte Körperschaften bzw. Körperschaften des öffentlichen Rechts gemeinnützigkeitsrechtlich zulässig ist. Hierbei konnte durchaus strittig darüber diskutiert werden, ob bei der Anschaffung derartiger Wirtschaftsgüter und bei deren Unterhaltungs- bzw. Instandsetzungsmaßnahmen sog. zeitnah zu verwendende Mittel eingesetzt werden dürfen.

Die dargestellte gemeinnützigkeitsrechtliche Problematik kann anhand des nachfolgend skizzierten Beispielfalles, der Ausgliederung eines Krankenhauszweckbetriebes gem. § 67 AO aus einem Verein auf eine eigenständige steuerbegünstigte Tochtergesellschaft unter Zurückbehaltung des Grundvermögens (Krankenhausgrundstück und Gebäude), verdeutlicht werden.

BEISPIEL ÜBERLASSUNG NUTZUNGSGEBUNDENES VERMÖGEN:

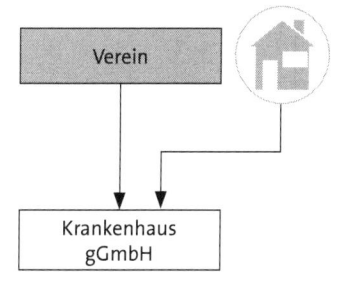

Verein betreibt KH auf eigenem Grund und Boden

Ausgliederung des KH-Betriebs und Verpachtung des KH-Gebäudes an Tochter gGmbH

Verein

Krankenhaus gGmbH

Der gesetzlichen Neuregelung von § 57 Abs. 3 AO n. F. kann zwar aus hiesiger Sicht im Auslegungswege entnommen werden, dass zukünftig auch mit zeitnah zu verwendenden Mitteln angeschaffte Wirtschaftsgüter (nutzungsgebundenes Vermögen) zur Nutzung (Vermietung/Verpachtung) an andere steuerbegünstigte Körperschaften gemeinnützigkeitsrechtlich unschädlich überlassen werden können. Zudem ist nach hiesiger Auffassung auch der Einsatz zeitnah zu verwendender Mittel bei der Vermietung bzw. Verpachtung sog. nutzungsgebundenem Vermögens an steuerbegünstigte Körperschaften zur unmittelbaren Verwendung für satzungsmäßige steuerbegünstigte Zwecke insgesamt unschädlich (z. B. für Renovierungs- bzw. Sanierungsmaßnahmen).

Dennoch würde auch eine Klarstellung vonseiten der Finanzverwaltung bzw. deren offizielle Bestätigung der vorbezeichneten Auslegung zum sog. nutzungsgebundenen Vermögen dem gesetzgeberischen Willen nach mehr Rechtssicherheit dienlich sein.

5. Fazit zu § 58 Nr. 1 AO n. F.

Im Rahmen der Neureglung des § 58 Nr. 1 AO n. F. und der damit einhergehenden Vereinheitlichung der beiden Altregelungen nach § 58 Nr. 1 und Nr. 2 AO a. F. werden erhebliche Erleichterungen für steuerbegünstigte Rechtsträger geschaffen. Bei Mittelweiterleitungen bzw. Zuwendungen an andere steuerbegünstigte Körperschaften muss zukünftig weder die Quantität der Mittel und die Mittelherkunft, noch die satzungsmäßige Zweckidentität zwischen Mittelgeber und -empfänger überprüft werden.

Es werden mittels dieser gesetzlichen Änderungen eine Vielzahl an strittigen Praxisthemen zugunsten der steuerbegünstigten Körperschaften gelöst. Die Gesetzesbegründung[1] führt insoweit aus: *„Die Regelung führt zur Rechtsklarheit in der Mittelweitergabe und erleichtert damit den Vollzug des Rechts für steuerbegünstigte Organisationen und für die Steuerverwaltung."*

Die dargestellte Zielsetzung des Gesetzgebers und der gewünschte Zielerreichungsgrad kann zweifelsohne vollumfänglich bestätigt werden. Ergänzend ist auch zu erwähnen, dass mit der geschaffenen Rechtsklarheit auch ein hohes Maß an Rechtssicherheit für steuerbegünstigte Rechtsträger erreicht wurde. Dies kann jedenfalls dann attestiert werden, wenn die dargestellten Besonderheiten im Kontext mit nutzungsgebundenem Vermögen durch das zu erwartende Anwendungsschreiben des BMF bestätigt werden.

6. Vertrauensschutztatbestand nach § 58a AO n. F.

Die gesetzliche Neuregelung des Vertrauenstatbestandes nach § 58a AO n. F. lautet wie folgt:

---

1 Vgl. BT-Drucks. 19/25160 S. 203.

6. Vertrauensschutztatbestand nach § 58a AO n. F.

„§ 58a AO: Vertrauensschutz bei Mittelweitergaben

(1) Wendet eine steuerbegünstigte Körperschaft Mittel einer anderen Körperschaft zu, darf sie unter den Voraussetzungen des Absatzes 2 darauf vertrauen, dass die empfangende Körperschaft

1. nach § 5 Absatz 1 Nummer 9 des Körperschaftsteuergesetzes im Zeitpunkt der Zuwendung steuerbegünstigt ist und

2. die Zuwendung für steuerbegünstigte Zwecke verwendet.

(2) Das Vertrauen der zuwendenden Körperschaft nach Absatz 1 ist nur schutzwürdig, wenn sich die zuwendende Körperschaft zum Zeitpunkt der Zuwendung die Steuerbegünstigung der empfangenden Körperschaft nach § 5 Absatz 1 Nummer 9 des Körperschaftsteuergesetzes hat nachweisen lassen durch eine Ausfertigung

1. der Anlage zum Körperschaftsteuerbescheid, deren Datum nicht länger als fünf Jahre zurückliegt oder

2. des Freistellungsbescheids, dessen Datum nicht länger als fünf Jahre zurückliegt oder

3. des Bescheids über die Feststellung der Einhaltung der satzungsmäßigen Voraussetzungen nach § 60a Absatz 1, dessen Datum nicht länger als drei Jahre zurückliegt, wenn der empfangenden Körperschaft bisher kein Freistellungsbescheid oder keine Anlage zum Körperschaftsteuerbescheid erteilt wurde.

(3) Absatz 1 ist nicht anzuwenden, wenn

1. der zuwendenden Körperschaft die Unrichtigkeit eines Verwaltungsakts nach Absatz 2 bekannt ist oder infolge grober Fahrlässigkeit nicht bekannt war oder

2. die zuwendende Körperschaft eine Verwendung für nicht steuerbegünstigte Zwecke durch die empfangende Körperschaft veranlasst hat."

a) Einführung

Der Anwendungsbereich von § 58a AO n. F. ist nach seinem Wortlaut auf entsprechende Mittelzuwendungen im Rahmen des § 58 Nr. 1 AO n. F. begrenzt und beinhaltet erstmalig einen gesetzlich definierten **Vertrauensschutztatbestand**.

Bereits im Geltungsbereich der Altregelung zu § 58 Nr. 1 AO a. F. war es für die sog. Förderkörperschaften erforderlich nachweisen zu können, dass die Empfängerkörperschaft selbst steuerbegünstigt nach den §§ 51 AO ff. ist und die zugewendeten Mittel auch für einen steuerbegünstigten Zweck i. S. d. §§ 52 bis 54 AO verwendet werden, der satzungsmäßig mit dem der Förderkörperschaft identisch war (Zweckidentität). Letztlich hatte das Nachweiserfordernis insoweit einen doppelten Zweck und war von daher von besonderer Bedeutung.

Auf dieser Grundlage und auch ohne gesetzliche Verpflichtung sollte bei Mittelweiterleitungen an steuerbegünstigte Körperschaften des Privatrechts bereits in der Vergangenheit ein **Nachweis** über die gemeinnützigkeitsrechtlich zulässige Mittelverwendung durch die Empfängerkörperschaft zur Risikominimierung eingeholt werden. Dieser Nachweis wurde regelmäßig durch die Vorlage eines gültigen Freistellungsbescheids, einer aktuellen Anlage zum Körperschaftsteuerbescheid oder – bei Neugründungsfällen – eines gültigen § 60a AO-Bescheids von der mittelempfangenden Körperschaft erfüllt.

Neben der Vorlage der vorbezeichneten Nachweise wurde in der Praxis auch darüberhinausgehend häufig eine schriftliche sog. **Mittelzuwendungsvereinbarung** zwischen der Geber- und der Empfängerkörperschaft geschlossen. Dies diente dem zusätzlichen Nachweis für die Geberkörperschaft, dass die weitergeleiteten Mittel auch auf der Ebene der Empfängerkörperschaft für die satzungsmäßig identischen Zwecke zu verwenden waren.

Derartige Mittelzuwendungsvereinbarungen wurden in der Praxis auch im Kontext mit Körperschaften des öffentlichen Rechts geschlossen, da für diese gerade kein Nachweis über die Steuerbegünstigung gesetzlich gefordert war. Wenngleich die Verwaltung an Recht und Gesetz gebunden ist, bestand dennoch die latente Unsicherheit, ob dieser Grundsatz auch wirklich durchgreift. Von daher waren die Mittelweiterleitungen an Körperschaften des öffentlichen Rechts nicht allein auf steuerbegünstigte Betriebe gewerblicher Art begrenzt.

b) Gesetzliche Anforderungen des § 58a AO n. F.

Wie bereits beschrieben, war es nach dem bisherigen Recht nicht geregelt, ob und unter welchen Voraussetzungen eine Förderkörperschaft bei der Mittelweiterleitung schutzwürdig ist.[1] Diese **Regelungslücke** ist durch die gesetzliche Neuregelung des § 58a AO n. F. geschlossen worden.

Im Rahmen des Wortlauts der Regelung „*... darf ... darauf vertrauen ...*" wird erstmalig ein gesetzlicher Vertrauenstatbestand geschaffen. Das Vertrauen wird insoweit auf zwei tatsächliche Erfordernisse bezogen, nämlich zum einen, dass es sich bei der Empfängerkörperschaft um eine im Zeitpunkt der Mittelweiterleitung gem. § 5 Abs. 1 Nr. 9 KStG steuerbegünstigte Körperschaft handelt, und zum anderen, dass die Mittel durch die Empfängerkörperschaft für steuerbegünstigte Zwecke verwendet werden.

Die noch im Rahmen der Altregelung bestandenen Risiken der Aberkennung der Gemeinnützigkeit auf der Ebene der Geberkörperschaft, soweit die Empfängerkörperschaft

---

[1] Vgl. BT-Drucks. 19/25160 S. 203.

nachträglich die Gemeinnützigkeit verliert oder die erhaltenen Mittel nicht für steuerbegünstigte Zwecke verwendet hat, gehören damit der Vergangenheit an.

aa) Voraussetzungen nach § 58a Abs. 2 AO

Der Vertrauensschutz des § 58a Abs. 1 AO n. F. gilt jedoch nicht pauschal, sondern greift nur unter den in Absatz 2 genannten Voraussetzungen. Danach muss sich die zuwendende Körperschaft für den **Zeitpunkt der Zuwendung** nachweisen lassen, dass die Empfängerkörperschaft gem. § 5 Abs. 1 Nr. 9 KStG steuerbegünstigt ist. Dies kann nach den gesetzlichen Regelungen wiederum durch

- die Anlage zum Körperschaftsteuerbescheid, deren Datum nicht länger als fünf Jahre zurückliegt,

- den Freistellungsbescheid, dessen Datum nicht länger als fünf Jahre zurück liegt, oder

- den Bescheid über die Feststellung der Einhaltung der satzungsmäßigen Voraussetzungen nach § 60a Absatz 1, dessen Datum nicht länger als drei Jahre zurückliegt, wenn der empfangenden Körperschaft bisher kein Freistellungsbescheid oder keine Anlage zum Körperschaftsteuerbescheid erteilt wurde,

nachgewiesen werden. Der Tatbestand des § 58a Abs. 2 AO n. F. lehnt sich dabei an die Regelung des § 63 Abs. 5 AO an, die bestimmt, unter welchen Voraussetzungen steuerbegünstigte Körperschaften Zuwendungsbestätigungen ausstellen dürfen.[1]

bb) Rückausnahmen nach § 58a Abs. 3 AO

Der durch § 58a Abs. 1 AO n. F. geschaffene Vertrauensschutz soll indes nicht in jedem Fall gelten, sondern enthält in Absatz 3 der Vorschrift wiederum Rückausnahmen, die bei gesetzlich definierten Sachverhaltsvarianten den Vertrauensschutz entfallen lassen.

Zu diesen Rückausnahmen gehört nach § 58a Abs. 3 Nr. 1 AO zunächst die positive Kenntnis bzw. die grob fahrlässige Unkenntnis der Geberkörperschaft darüber, dass der betreffende Bescheid (Verwaltungsakt) nach Absatz 2 der Empfängerkörperschaft unrichtig ist.

Die **Unrichtigkeit von Verwaltungsakten** wird in der Praxis für die mittelzuwendende Körperschaft allerdings schwer erkennbar sein, soweit diese nicht allgemein bekannt oder offensichtlich ist. Von daher stellt sich insbesondere mit Blick auf die *Unkenntnis aufgrund grober Fahrlässigkeit* die Frage, ob eine Geberkörperschaft u. U. auch einen externen Steuerberater in die Prüfung des betreffenden Bescheides einbinden muss.

---

[1] BT-Drucks. 19/25160 S. 204.

Zur Beantwortung dieser Frage ist zunächst die Begrifflichkeit der sog. *„groben Fahrlässigkeit"* zu klären.

Die ständige Rechtsprechung des BFH[1] geht vom Vorliegen einer *groben Fahrlässigkeit* immer dann aus, wenn der Steuerpflichtige die ihm nach seinen persönlichen Fähigkeiten und Verhältnissen zumutbare Sorgfalt in ungewöhnlichem Maße und in nicht entschuldigender Weise verletzt hat.

Für den Bereich der Deklarationserstellung hat der BFH[2] die Auffassung vertreten, dass die Abgabe einer unvollständigen Steuererklärung dann nicht auf grobe Fahrlässigkeit beruht, wenn die Unvollständigkeit auf einem Rechtsirrtum aufgrund mangelnder Kenntnis der steuerrechtlichen Regelungen beruht.

Zusammengefasst wird man zu dem Ergebnis kommen können, dass die Geberkörperschaft keine erhöhten Anforderungen hinsichtlich der Überprüfung der durch die Empfängerkörperschaft vorgelegten Bescheide trifft. Mithin ist nach hiesiger Auffassung eine explizite Überprüfung der Bescheidlage durch einen externen Steuerberater nicht zwingend erforderlich. Diese Sichtweise kann aus der durch die ständige Rechtsprechung entwickelten Definition der „groben Fahrlässigkeit" gefolgert werden, da insoweit auf die persönlichen Fähigkeiten und Verhältnisse des Steuerpflichtigen abgestellt wird. Rechtsirrtümer aufgrund mangelnder Kenntnis des Steuerrechts vermögen zudem auf der Ebene der Geberkörperschaft – wie bereits geschildert – keine negativen Auswirkungen hinsichtlich einer grob fahrlässigen Unkenntnis haben.

Sollten sich indes dem Steuerpflichtigen (der Geberkörperschaft) berechtigte Zweifel an der Richtigkeit des von der Empfängerkörperschaft vorgelegten Bescheids kommen, dann sollten sicherlich weitergehende Vorsorgemaßnahmen ergriffen und nötigenfalls auch steuerlicher Rat eingeholt werden.

Der Vertrauensschutz fällt gem. § 58a Abs. 3 Nr. 2 AO n. F. auch dann weg, wenn die zuwendende Körperschaft eine Verwendung für nicht steuerbegünstigte Zwecke durch die empfangende Körperschaft **veranlasst** hat.

Weder die gesetzliche Regelung noch die Gesetzbegründung liefert stichhaltige Anhaltspunkte, wann von einer entsprechenden *„Veranlassung"* durch die Geberkörperschaft auszugehen ist. Reicht insoweit bereits eine bloße Bitte der Geberkörperschaft zur Verwendung für einen bestimmten Zweck, der kein steuerbegünstigter Zweck i. S. d. §§ 52 bis 54 AO ist, aus oder müssen weitergehende Erfordernisse hinzutreten?

---

[1] U. a. BFH, Urteil v. 10.2.2015 - IX R 18/14, BStBl 2017 II S. 7; BFH, Urteil v. 9.11.2011 - X R 53/09, BFH/NV 2012 S. 545, NWB MAAAE-02917.
[2] BFH, Urteil v. 20.3.2013 - VI R 5/11, BFH/NV 2013 S. 1142, NWB ZAAAE-36821.

Zweifelsohne kann die mittelzuwendende Körperschaft der Empfängerkörperschaft einzuhaltende Vorgaben, ggf. im Rahmen einer Mittelzuwendungsvereinbarung, machen. Derartige **vertragliche Verpflichtungen** sind sicherlich geeignet, die Anwendung von § 58a Abs. 3 Nr. 2 AO n. F. zu rechtfertigen, soweit die vereinbarte Vorgabe gerade eine Verwendung zu nicht steuerbegünstigten Zwecken vorsieht. Ob hingegen eine bloße Bitte zu einer zweckwidrigen Verwendung bereits ausreichend sein wird, kann bezweifelt werden. Hierzu wird sich die Finanzgerichtsbarkeit in den nächsten Jahren ggf. äußern dürfen.

Geberkörperschaften sollten jedenfalls bei Zuwendungen mit Verwendungsauflage darauf achten, dass die entsprechende Auflage mit den steuerbegünstigten Zwecken der §§ 52 bis 54 AO im Einklang stehen. Auch hier empfiehlt es sich u. U. steuerlichen Rat einzuholen, um bestehende Risiken zu vermeiden.

cc) Vertrauensschutz bei Mittelzuwendungen an KdöR

Der Vertrauensschutztatbestand nach § 58a AO n. F. beschränkt sich dem Wortlaut nach auf Mittelzuwendungen gegenüber steuerbegünstigten Körperschaften gem. § 5 Abs. 1 Nr. 9 KStG. Eine Erweiterung der Vorschrift gleichfalls auf Mittelweiterleitungen an Körperschaften des öffentlichen Rechts wurde indes unterlassen.

Die Nichtberücksichtigung von Körperschaften des öffentlichen Rechts im Rahmen des Vertrauensschutztatbestands ist de lege lata jedoch nachvollziehbar und begründbar. Der Gesetzgeber hat insoweit kein Erfordernis einer gesonderten Regelung gesehen, da die **Verwaltung** nach Artikel 20 Abs. 3 des Grundgesetzes an **Gesetz und Recht** gebunden ist. Die zuwendende Körperschaft darf daher darauf vertrauen, dass eine juristische Person des öffentlichen Rechts Mittel nicht entgegen einer Zweckbestimmung für nicht steuerbegünstigte Zwecke verwendet. Dieser Grundsatz ist wohl in analoger Anwendung auch auf die **kirchlichen Körperschaften** des öffentlichen Rechts zu übertragen, so dass auch insoweit ein geschütztes Vertrauen bei Mittelzuwendungen (z. B. an Kirchengemeinden) anzunehmen ist.

7. Fazit zu § 58a AO n. F.

In der Gesetzesbegründung[1] zu § 58a AO n. F. heißt es, dass mit dem neuen Vertrauensschutztatbestand eine Regelungslücke geschlossen wird. Dem ist sicherlich zuzustimmen, da es einen entsprechenden Regelungstatbestand zur Vermittlung eines gesetzlich definierten Vertrauensschutzes zuvor nicht gab. Müßig wäre insoweit, eine Diskussion über die Erforderlichkeit der neuen Regelung zu entfachen. Denn bereits zuvor war

---

1 BT-Drucks. 19/25160 S. 203.

es geübte Praxis, sich bei Mittelweiterleitungen vorab entsprechende Nachweise von der die Zuwendung empfangende Körperschaft aushändigen zu lassen.

Dennoch ist ein gesetzlicher Vertrauensschutztatbestand zu begrüßen, um auch die letzten Unsicherheiten in diesem Bereich für steuerbegünstigte Körperschaften zu beseitigen. Tatsächlich muss hier allerdings zumindest mit Blick auf die Beseitigung der Unsicherheiten noch ein kleines Fragezeichen gesetzt werden. Denn gerade die sog. Rückausnahmen des § 58a Abs. 3 AO n. F., im Rahmen dessen der Vertrauensschutz unter bestimmten Voraussetzungen entfällt, sind teilweise mit unbestimmten Rechtsbegriffen bestückt, die der (ggf. richterlichen) Auslegung bedürfen.

VIII. Feststellung der satzungsmäßigen Voraussetzungen gem. § 60a AO n. F.

Durch das Jahressteuergesetz 2020 wurde in § 60a AO ein neuer Absatz 6 mit nachfolgendem Wortlaut hinzugefügt:

„(6) Liegen bis zum Zeitpunkt des Erlasses des erstmaligen Körperschaftsteuerbescheids oder Freistellungsbescheids bereits Erkenntnisse vor, dass die tatsächliche Geschäftsführung gegen die satzungsmäßigen Voraussetzungen verstößt, ist die Feststellung der Einhaltung der satzungsmäßigen Voraussetzungen nach Absatz 1 Satz 1 abzulehnen. Satz 1 gilt entsprechend für die Aufhebung bestehender Feststellungen nach § 60a."

1. Einführung

Die Vorschrift des § 60a AO gehört im Reigen der Regelungen zum Gemeinnützigkeitsrecht zu den jüngeren gesetzlichen Vorschriften. Erst mit dem sog. **Ehrenamtsstärkungsgesetz**[1] wurde § 60a AO im Jahr 2013 in das Gesetz aufgenommen. Hierdurch wurde ein neues **Feststellungsverfahren** zur Überprüfung der Frage, ob die Satzung einer Körperschaft den gesetzlichen Anforderungen der §§ 51, 59, 60 und 61 AO genügt, eingeführt.

Durch die Einführung des gesonderten Feststellungsverfahrens wurde das bisherige Verfahren der sog. vorläufigen Bescheinigung abgelöst. Kritikpunkt an der vorläufigen Bescheinigung war, dass diese keine Verwaltungsaktqualität besaß und von daher nicht mit Rechtsmitteln angreifbar war. Seit dem 29.3.2013 ist nunmehr die Entscheidung über den Antrag nach § 60a AO anfechtbar, da es sich dabei um einen Verwaltungsakt handelt.

---

1 Gesetz zur Stärkung des Ehrenamtes v. 21.3.2013, BGBl 2013 I S. 556.

Im Rahmen der Vorschrift des § 60a Abs. 1 AO wird gesondert festgestellt, ob die Satzung einer steuerbegünstigten Körperschaft den gesetzlichen Anforderungen des Gemeinnützigkeitsrechts, mithin der gesetzlichen Mustersatzung nach Anlage zu § 60 AO, entspricht. Diese Feststellung der Satzungsmäßigkeit ist für die Besteuerung der Körperschaft und der Steuerpflichtigen, die Zuwendungen in Form von Spenden und Mitgliedsbeiträgen an die Körperschaft erbringen, bindend.[1]

Nach § 60a Abs. 2 AO erfolgt die Feststellung auf Antrag der Körperschaft – dies kommt regelmäßig bei Neugründungsfällen in Betracht – oder von Amts wegen bei der Veranlagung zur Körperschaftsteuer, soweit die Feststellung vorher noch nicht getroffen wurde.

Im Falle einer **Gesetzesänderung** entfällt die Bindungswirkung der Feststellung gem. § 60a Abs. 3 AO automatisch, ohne dass es einer gesonderten Aufhebung des Feststellungsbescheids vonseiten des Finanzamtes bedarf. Zudem hat das Finanzamt gem. § 60a Abs. 4 AO die Möglichkeit, eine im Vorhinein getroffene Feststellung auch wieder aufzuheben, wenn sich die für die Feststellung erheblichen Verhältnisse geändert haben. Dies wird regelmäßig bei **Satzungsänderungen** der Fall sein.

Soweit die Feststellung der satzungsmäßigen Voraussetzungen auf einem materiellen Fehler beruht, kann das Finanzamt den § 60a-Bescheid nach den Regelungen des § 60a Abs. 5 AO mit Wirkung für die Zukunft aufheben.

Das vorbezeichnete Verfahren ist seinerzeit auf große Zustimmung gestoßen, da mit der Feststellung der Einhaltung der satzungsmäßigen Voraussetzungen ein anfechtbarer Verwaltungsakt geschaffen wurde, der für die steuerbegünstigten Körperschaften zu mehr Rechtssicherheit geführt hat.

2. Gesetzliche Anforderungen des § 60a Abs. 6 AO n. F.

a) Sinn und Zweck der Vorschrift

Der Finanzverwaltung war die Erteilung eines Feststellungsbescheides über die sog. formelle Satzungsmäßigkeit im Rahmen des § 60a AO immer dann ein Dorn im Auge, wenn sie bereits im Vorfeld einer Bescheiderteilung Kenntnis darüber hatte, dass die tatsächliche Geschäftsführung i. S. d. § 63 AO nicht mit den satzungsmäßigen steuerbegünstigten Zwecken im Einklang stand. Von daher vertrat die Finanzverwaltung – ohne dafür eine gesetzliche Grundlage zu haben[2] – die Auffassung, dass in derartigen Fällen der § 60a-Bescheid zu versagen war.[3] *„Liegen im Zeitpunkt der Entscheidung über*

---
[1] Vgl. AEAO zu § 60a, Abs. 1.
[2] Vgl. FG Baden-Württemberg, Urteil v. 5.3.2018 - 10 K 3622/16, NWB TAAAG-88687.
[3] AEAO zu § 60, Abs. 1 AO Tz. 2 Abs. 2 Satz 2.

die gesonderte Feststellung bereits Erkenntnisse vor, dass die tatsächliche Geschäftsführung der Körperschaft den Anforderungen des § 51 AO nicht entsprechen wird, ist die Feststellung nach § 60a Abs. 1 AO abzulehnen."

Hintergrund dieser Vorgehensweise dürfte gewesen sein, dass die Finanzverwaltung derartigen Körperschaften nicht bereits die Gelegenheit geben wollte, unmittelbar nach der Feststellung nach § 60a AO bereits **Zuwendungsbestätigungen** ausstellen zu können. Wenngleich dieses Ziel sicherlich gut nachvollziehbar ist, war ein derartiger Abgleich der satzungsmäßig steuerbegünstigten Zwecke mit der tatsächlichen Geschäftsführung nicht durch die bis dato bestehende Rechtslage abgedeckt. Vielmehr war nach dem Wortlaut des § 60a AO der Finanzverwaltung lediglich eine formelle Prüfung der satzungsmäßigen Voraussetzungen möglich. Die Aberkennung der Gemeinnützigkeit konnte nach der Erteilung des § 60a-Bescheides nur noch im nachgelagerten Veranlagungsverfahren durch die entsprechende Erteilung von Körperschaftsteuerbescheiden erfolgen.

Diese **Gesetzeslücke** wurde erkannt und im Rahmen des neuen § 60a Abs. 6 AO n. F. nunmehr geschlossen. In der Gesetzesbegründung wird auch das Ziel des Gesetzgebers, welches im Einklang mit dem der Finanzverwaltung steht, dahingehend bestätigt, dass mit der Neuregelung eine **rechtsmissbräuchliche Verwendung** des § 60a-Bescheides vermieden und zudem das **Vertrauen des Spenders** auf die korrekte Verwendung seiner Spenden gestärkt werden soll.[1] Mit der gesetzlichen Ergänzung wird auch die Anerkennung der Gemeinnützigkeit beschleunigt.

b) Tatbestandsvoraussetzungen des § 60a Abs. 6 AO n. F.

Nach dem Wortlaut des § 60a Abs. 6 AO n. F. müssen demnach *Erkenntnisse* darüber vorliegen, dass die **tatsächliche Geschäftsführung** gegen die satzungsmäßigen steuerbegünstigten Zwecke verstößt.

Mit dieser doch sehr allgemein gehaltenen gesetzlichen Regelung sind finanzgerichtliche Auseinandersetzungen vorprogrammiert. Welche Natur diese *Erkenntnisse* haben sollen oder müssen, wird weder gesetzlich definiert, noch in der Gesetzesbegründung weitergehend ausgeführt. Um in der Praxis nicht der „Willkür" des einzelnen Finanzamtes Tür und Tor zu öffnen und um auch tatsächlich mehr Rechtsklarheit und -sicherheit zu erlangen, sind Auslegungshilfe von Seiten des BMF wünschenswert, aber auch erforderlich.

Aus hiesiger Sicht wäre es zumindest kaum nachvollziehbar, wenn die – für neu gegründete Körperschaften extrem wichtige – Feststellung nach § 60a AO z. B. bereits

---

[1] BT-Drucks. 19/25160 S. 204.

aufgrund eines Zeitungsartikels o. Ä. unter Berufung auf § 60a Abs. 6 AO n. F. durch das zuständige Finanzamt verwehrt werden könnte. Vielmehr müssen die *Erkenntnisse* bereits einen gewissen Reifegrad erreicht haben, der einen Verstoß der tatsächlichen Geschäftsführung gegen die satzungsmäßigen steuerbegünstigten Zwecke weit mehr als nur wahrscheinlich erkennen lässt. Das betreffende Finanzamt muss demnach seine Entscheidung vielmehr auf verifizierbare Fakten stützen können, da ansonsten derartige Entscheidungen spätestens im gerichtlichen Rechtsbehelfsverfahren voraussichtlich schnell kassiert werden.

In der Gesetzesbegründung werden als Beispiel für sog. **Missbrauchsfälle** „extremistische Organisationen" bezeichnet. Doch auch bei derartigen Organisationen, denen zweifelsohne keine Steuerbegünstigung gem. §§ 51 AO ff. zu gewähren ist, ergibt sich das extremistische Gedankengut regelmäßig gerade nicht aus der Satzung. Wie die Finanzverwaltung jedoch in derartigen Fällen an die erforderlichen *Erkenntnisse* gelangt, ist der Kern der Fragestellung. Wird insoweit gefordert werden müssen, dass der Deutsche Verfassungsschutz bereits gegen diese Organisation oder einzelne Mitglieder ermittelt. Oder ist weitergehend von *Erkenntnissen* erst dann auszugehen, wenn die betreffende Organisation im sog. jährlichen Bericht des Verfassungsschutzes des Bundes aufgeführt wird.

Die Auslegung des Tatbestandsmerkmal der sog. *Erkenntnisse* wird in der Praxis sicherlich noch zu diversen Auseinandersetzungen mit der Finanzverwaltung führen. Aus hiesiger Sicht wird jedenfalls die Auffassung vertreten, dass nur lose Erkenntnisse (Zeitungsartikel o. Ä.) sicherlich nicht ausreichend sein werden, um die Feststellung nach § 60a AO zu versagen. Andererseits wird es vor dem Hintergrund zügiger und klarer Entscheidungen der Finanzverwaltung auch nicht erforderlich sein, zunächst den Bericht des Verfassungsschutzes abzuwarten, bevor die Entscheidung des Finanzamtes nach § 60a Abs. 6 AO n. F. getroffen werden kann. Wie so häufig wird sich die Wahrheit in der goldenen Mitte befinden, mit der sowohl den gesetzgeberischen Zielen der Rechtsklarheit und Rechtssicherheit wie auch dem Recht der Steuerpflichtigen an ordnungsgemäßem Verwaltungshandeln genüge getan wird.

Die Neuregelung des § 60a Abs. 6 AO n. F. wird in der praktischen Anwendung jedenfalls zu einem erhöhten Vertrauensschutz für die steuerbegünstigten Körperschaften führen. Denn mit der Erteilung des § 60a-Bescheids ist von einer inzidenter vorgenommenen Vorabprüfung der tatsächlichen Geschäftsführung auszugehen.

3. Fazit zu § 60a Abs. 6 AO n. F.

Bereits vor der Reform des Gemeinnützigkeitsrechts hatte die Finanzverwaltung im Rahmen der formellen Satzungsprüfung gem. § 60a AO damit begonnen, Erkenntnisse zur sog. tatsächlichen Geschäftsführung (§ 63 AO) der betreffenden steuerbegünstigten Körperschaft in die Entscheidung einfließen zu lassen. Mit der gesetzlichen Neuregelung wird insoweit zugunsten der Finanzverwaltung gleichfalls eine Regelungslücke gefüllt.

Die gesetzliche Regelung des § 60a Abs. 6 AO ist allerdings gleichfalls nicht zur Erlangung einer finalen Rechtssicherheit geeignet, da wiederum Tatbestandsmerkmale verwendet werden, die auslegungsbedürftig sind.

IX. Änderung des § 64 Abs. 3 AO

In § 64 Ab. 3 AO wird die Angabe „35.000,00" durch die Angabe „45.000,00" ersetzt.

Ein wirtschaftlicher Geschäftsbetrieb ist gem. § 14 AO eine selbständige nachhaltige Tätigkeit, durch die Einnahmen oder andere wirtschaftliche Vorteile erzielt werden und die über den Rahmen einer Vermögensverwaltung hinausgeht. Die Absicht, Gewinn zu erzielen, ist nicht erforderlich.

Ist der wirtschaftliche Geschäftsbetrieb kein Zweckbetrieb i. S. von §§ 65 ff. AO, sind die Gewinne oder Überschüsse von der Steuerbefreiung nach § 5 Abs. 1 Nr. 9 KStG ausgenommen. Insoweit besteht partielle Steuerpflicht. Übersteigen die Einnahmen einschließlich Umsatzsteuer aus wirtschaftlichen Geschäftsbetrieben, die keine Zweckbetriebe sind, insgesamt nicht die Bagatellgrenze des § 64 Abs. 3 AO im Jahr, so unterliegen die diesen Geschäftsbetrieben zuzuordnenden Besteuerungsgrundlagen nicht der Körperschaftsteuer und der Gewerbesteuer.

Diese Freigrenze ist mit dem Jahressteuergesetz 2020 von 35.000,00 € auf 45.000,00 € angehoben worden. Die gesetzliche Regelung ist anzuwenden ab dem 29.12.2020. Sie ist somit für den Besteuerungszeitraum anzuwenden, in den dieses Datum fällt. Ist der Besteuerungszeitraum das Kalenderjahr, gilt die angehobene Freigrenze erstmals für das Jahr 2020.

Der Finanzausschuss sieht in der Anhebung der Einnahmengrenze, bis zu der die Gewinne im steuerpflichtigen wirtschaftlichen Geschäftsbetrieb nicht der Körperschaftsteuer und Gewerbesteuer unterliegen, eine Stärkung und Unterstützung von *„Mittelbeschaffungsbemühungen".*[1] In der Stellungnahme des Bundesrates wird herausgehoben: *„Die Anhebung nach nunmehr mehr als zwölf Jahren ist notwendig, damit die Vorschrift ihrem Vereinfachungscharakter insbesondere im Hinblick auf geänderte wirtschaftliche Verhältnisse in den Vereinen weiterhin gerecht werden kann."*[2]

---

1 BT-Drucks. 19/25160 S. 204.
2 BR-Drucks. 503/20 (Beschluss) S. 69.

Der Gesetzgeber hatte mit dem Gesetz zur Verbesserung und Vereinfachung der Vereinsbesteuerung (Vereinsförderungsgesetz) vom 18.12.1989 eine Besteuerungsgrenze in § 64 Abs. 3 AO eingeführt. Die Einführung einer Besteuerungsgrenze führt, so die damalige Gesetzesbegründung, *„für die Besteuerung der wirtschaftlichen Betätigungen gemeinnütziger Körperschaften zu einer wirklichen Vereinfachung"*.[1]

X. Erweiterung des Zweckbetriebskatalogs in § 68 AO

Die in den §§ 67 bis 68 AO definierten sog. Katalogzweckbetriebe genießen im Gemeinnützigkeitsrecht eine Sonderstellung. Als Lex specialis gehen die Regelungen sowohl dem Zweckbetrieb der Wohlfahrtspflege (§ 66 AO) als auch dem allgemeinen Zweckbetrieb (§ 65 AO) vor. Einrichtungen, welche die Voraussetzungen eines Katalogzweckbetriebs erfüllen, sind mithin nicht an die Anforderungen der §§ 65 und 66 AO gebunden. So ist beispielsweise das in § 65 Nr. 3 AO geregelte Wettbewerbsverbot oder das in § 66 Abs. 2 AO normierte Gewinnverbot für die Anerkennung eines Katalogzweckbetriebs grundsätzlich unbeachtlich.

Mit dem Jahressteuergesetz 2020 wurde ein zusätzlicher Katalogzweckbetrieb für Einrichtungen im Bereich der Flüchtlingshilfe in § 68 AO aufgenommen. Des Weiteren wurde der Anwendungsbereich des § 68 Nr. 4 AO maßgeblich erweitert.

1. Flüchtlingshilfe (§ 68 Nr. 1 Buchst. c AO)

Leistungen im Bereich der Flüchtlingshilfe wurden bislang regelmäßig dem Zweckbetrieb der Wohlfahrtspflege gem. § 66 AO zugerechnet und waren so auch in der Vergangenheit von der Körperschaft- und Gewerbesteuer befreit. Durch die Einführung des § 68 Nr. 1 Buchst. c AO wurde für diesen Hilfebereich jedoch nunmehr eine eigene Zweckbetriebsnorm geschaffen. Die Steuerbegünstigung gilt für:

„Einrichtungen zur Versorgung, Verpflegung und Betreuung von Flüchtlingen. Die Voraussetzungen des § 66 Absatz 2 sind zu berücksichtigen,"

Nach der Gesetzesbegründung soll die Neuregelung gemeinnützige Körperschaften in erster Linie von der Verpflichtung befreien, die in § 66 Abs. 1 AO geforderten **Nachweise über die Hilfsbedürftigkeit der Flüchtlinge** erbringen zu müssen. Schließlich seien Flüchtlinge regelmäßig aufgrund ihrer psychischen, physischen oder wirtschaftlichen Situation als hilfsbedürftige Personen i. S. d. § 53 AO anzusehen.[2]

---
1 BT-Drucks. 11/4176 S. 11.
2 Vgl. BT-Drucks. 19/25160 S. 205.

X. Erweiterung des Zweckbetriebskatalogs in § 68 AO

In der Verwaltungspraxis wurde dies in der Vergangenheit bereits über eine Billigkeitsregelung im BMF-Schreiben vom 22.9.2015 entsprechend geregelt.[1] Diese lief jedoch nach einer einmaligen Verlängerung zum 31.12.2018 aus.[2] Durch die Aufnahme der Flüchtlingshilfe in § 68 AO kann nun zeitlich unbefristet auf den Hilfsbedürftigkeitsnachweis verzichtet werden.

Bemerkenswert ist, dass der Gesetzgeber das umstrittene **Gewinnverbot in der Wohlfahrtspflege** des § 66 Abs. 2 AO für die Flüchtlingshilfe explizit übernimmt. Dies ist ein Novum bei den Katalogzweckbetrieben.

Das Gewinnverbot in der Wohlfahrtspflege beruht auf § 66 Abs. 2 AO, welcher besagt, dass Wohlfahrtspflege *„nicht des Erwerbs wegen"* ausgeübt werden darf. Nachdem der Bundesfinanzhof im sog. Rettungsdiensturteil vom 27.11.2013[3] diese Klausel erstmals als faktisches Gewinnverbot ausgelegt hatte, übernahm die Finanzverwaltung zunächst die Vorgaben des Urteils in den AEAO.[4]

Nach massiver Kritik der Wohlfahrtspflegeverbände wurde vonseiten der Finanzverwaltung mit der Neuschöpfung der **wohlfahrtspflegerischen Gesamtsphäre** eine Art Kulanzregelung geschaffen, die u. a. dafür sorgt, dass unter gewissen Voraussetzungen Gewinne aus Zweckbetrieben der Wohlfahrtspflege mit Verlusten aus anderen Bereichen verrechnet werden können.[5] So ist nach Auffassung der Finanzverwaltung von einem schädlichen Erwerbsstreben i. S. d. § 66 Abs. 2 AO nunmehr nur noch dann auszugehen, wenn über einen Zeitraum von drei aufeinanderfolgenden Veranlagungszeiträumen jeweils Gewinne erwirtschaftet werden, die den konkreten Finanzierungsbedarf der wohlfahrtspflegerischen Gesamtsphäre übersteigen.[6] Zu dieser zählen neben den originären Zweckbetrieben der Wohlfahrtspflege i. S. d. § 66 AO auch Zweckbetriebe i. S. d. § 68 AO, soweit sie die Voraussetzungen des § 66 AO erfüllen, sowie Zweckbetriebe i. S. d. § 67 AO und ideelle Tätigkeiten, für die die Voraussetzungen des § 66 AO vorlägen, wenn sie entgeltlich ausgeführt würden.

Die neu in § 68 Nr. 1 Buchst. c AO normierten Einrichtungen der Flüchtlingshilfe erfüllen per Definition auch die Voraussetzungen des § 66 AO, sodass die Ergebnisse dieser Zweckbetriebe nach der aktuellen Verfügungslage ohnehin der wohlfahrtspflegerischen Gesamtsphäre zuzurechnen sind und damit bei der Überprüfung eines schädlichen Er-

---

1 BMF v. 22.9.2015 - IV C 4 - S 2223/07/0015: 015, BStBl 2015 I S. 745.
2 BMF v. 6.12.2016 - IV C 4 - S 2223/07/0015: 015, BStBl 2016 I S. 1425.
3 BFH, Urteil v. 27.11.2013 - I R 17/12, BStBl 2016 II S. 68.
4 BMF v. 26.1.2016 - IV A 3 - S 0062/15/10006, BStBl 2016 I S. 155.
5 BMF v. 6.12.17 - IV C 4 - S 0185/14/10002 :001, BStBl 2017 I S. 1603.
6 Zur Auslegung siehe Seeger/Brox/Leichinger, Abgrenzung eines Erwerbsstrebens in der Wohlfahrtspflege, DStR 2018 S. 2002.

werbsstrebens einbezogen werden. Der Gesetzgeber möchte aber darüber hinaus erreichen, dass auch die Rechtsfolgen des § 66 Abs. 2 AO für die Flüchtlingshilfe gelten. Ist das Ergebnis der wohlfahrtspflegerischen Gesamtsphäre insgesamt positiv, wurden also Gewinne erwirtschaftet, die den konkreten Finanzierungsbedarf übersteigen, so ist dies grundsätzlich nur zweckbetriebsschädlich für die Betriebe der Wohlfahrtspflege i. S. d. § 66 AO selbst. Für die übrigen Bereiche der wohlfahrtspflegerischen Gesamtsphäre ist das Gewinnverbot des § 66 Abs. 2 AO schließlich grundsätzlich nicht anwendbar.

Durch den Zusatz in Satz 2 (*„Die Voraussetzungen des § 66 Absatz 2 sind zu berücksichtigen,")* bewirkt der Gesetzgeber, dass Einrichtungen der Flüchtlingshilfe in Bezug auf die Rechtsfolgen eines Verstoßes gegen das Gewinnverbot den Zweckbetrieben der Wohlfahrtspflege gleichgestellt werden.

BEISPIEL: ▶ Die A gGmbH betreibt verschiedene Einrichtungen im Bereich der Altenhilfe. Mit dem Beginn der Flüchtlingskrise 2015 wurde zusätzlich eine Einrichtung zur Beherbergung und Versorgung von Flüchtlingen errichtet. Die Sparten erzielen in drei aufeinanderfolgenden Veranlagungszeiträumen folgende Ergebnisse:

	Betriebsergebnis	Finanzierungsbedarf	verbleiben
Stationäre Altenhilfe (§ 68 Nr. 1 Buchst. a AO)	100.000 €	200.000 €	-100.000 €
Ambulante Altenhilfe (§ 66 AO)	50.000 €	30.000 €	20.000 €
Flüchtlingshilfe (§ 68 Nr. 1 Buchst. c AO)	300.000 €	250.000 €	50.000 €
Ergebnis der wohlfahrtspflegerischen Gesamtsphäre	450.000 €	480.000 €	-30.000 €

Nach den Vorgaben des BMF-Schreibens vom 6.12.2017 sind sämtliche Sparten der A gGmbH zu einer wohlfahrtspflegerischen Gesamtsphäre zusammenzufassen, da alle Einrichtungen zu mehr als zwei Dritteln hilfsbedürftigen Personen i. S. d. § 53 AO dienen. Im Gesamtergebnis übersteigt der konkrete Finanzierungsbedarf der wohlfahrtspflegerischen Gesamtsphäre die Summe der erzielten Überschüsse, so dass grundsätzlich kein schädliches Erwerbsstreben i. S. d. § 66 Abs. 2 AO anzunehmen ist. Die Zweckbetriebseigenschaft der ambulanten Altenhilfe wird also – trotz des positiven Spartenergebnisses i. H. von 20.000 € – nicht in Frage gestellt.

Für Einrichtungen der Flüchtlingshilfe wird es interessant sein, wie die Finanzverwaltung und ggf. im Nachgang die Finanzgerichtsbarkeit den Verweis in § 68 Nr. 1 Buchst. c Satz 2 AO auslegen. Grundsätzlich ist davon auszugehen, dass die Finanzverwaltung die Kulanzregelungen des BMF-Schreibens vom 6.12.2017 auch für die Flüchtlingshilfe gelten lässt. Schließlich verweist der Gesetzgeber bewusst auf die Voraussetzungen des

§ 66 Abs. 2 AO, statt ein eigenständiges Erwerbsverbot zu normieren. Das BMF-Schreiben wiederum ist u. E. als allgemeine Auslegungshilfe für das Kriterium „nicht des Erwerbs wegen" i. S. d. § 66 Absatz 2 AO zu verstehen. Im Ergebnis dürfte daher im vorstehenden Beispielsfall auch der Einrichtung der Flüchtlingshilfe – trotz des Überschusses i. H. von 50.000 € – kein schädliches Erwerbsstreben zur Last gelegt werden.

Gleichwohl kann nicht gänzlich ausgeschlossen werden, dass die Regelung in Einzelfällen zum Anlass genommen wird, den Katalogzweckbetrieb der Flüchtlingshilfe losgelöst vom Gesamtergebnis der Wohlfahrtspflege gesondert auf ein schädliches Erwerbsstreben hin zu überprüfen. Da die Gerichte nur dem Gesetz verpflichtet sind und Verfügungen der Finanzverwaltung allenfalls als Auslegungshilfe zulassen, kann der Steuerpflichtige seine Argumentation nicht rein auf die Vorgaben des BMF-Schreibens vom 6.12.2017 stützen. Gemeinnützige Träger, die Einrichtungen im Bereich der Flüchtlingshilfe unterhalten, sind daher gut beraten, das Gewinnverbot für diesen Bereich gesondert zu überwachen.

2. Fürsorge bei psychischen und seelischen Erkrankungen (§ 68 Nr. 4 AO)

Der bisher auf die Fürsorge für blinde und körperbehinderte Menschen beschränkte § 68 Nr. 4 AO wurde mit dem Jahressteuergesetz 2020 erweitert. So sind nun auch Einrichtungen steuerbegünstigt, die der Fürsorge für psychisch oder seelisch erkrankte bzw. behinderte Menschen dienen. Im Wortlaut begünstigt die Vorschrift:

„Einrichtungen, die zur Durchführung der Fürsorge für blinde Menschen, zur Durchführung der Fürsorge für körperbehinderte Menschen <u>und zur Durchführung der Fürsorge für psychische und seelische Erkrankungen beziehungsweise Behinderungen</u> unterhalten werden"

Nach der Gesetzesbegründung dient die Änderung der Anpassung an die gesellschaftlichen und medizinischen Entwicklungen in diesem Bereich.[1] Inwieweit diese Zweckbetriebsregelung zur Fürsorge beispielsweise auch Beschäftigungsformen in der Eingliederungshilfe, sog. Tagesstätten[2] für Menschen mit psychischen oder seelischen Behinderungen, zukünftig umfasst, bedarf aus unserer Sicht einer verwaltungsseitigen Klarstellung.

Rein faktisch dürften die meisten Einrichtungen, die vom erweiterten Anwendungsbereich der Neuregelung erfasst werden, bislang unter Berufung auf § 66 AO als Zweck-

---

[1] Vgl. BT-Drucks. 19/25160 S. 205.
[2] § 219 Abs. 3 SGB IX (bis 31.12.2017: 136 Abs. 3 SGB IX), sog. Förderbetreuungsbereiche, vgl. OFD Frankfurt vom 7.8.2014 - S 7175 A - 13-St 16; Brox/Seeger, Behindertenhilfe – Aktuelle Themen der Besteuerung, Curaconsult 03-17, S. 8 f.

betriebe der Wohlfahrtspflege eingestuft worden sein. Mit der Neuregelung entfällt nun die Nachweispflicht des § 66 Abs. 3 AO, wonach mindestens zwei Drittel der Leistungen an hilfsbedürftige Personen i. S. d. § 53 AO zu erbringen sind. Die Einrichtungen erfahren mit der Gesetzesänderung also eine erhebliche administrative Entlastung.

Zudem enthält § 68 Nr. 4 AO – anders als die Neuregelung zur Flüchtlingshilfe in § 68 Nr. 1 Buchst. c AO – keinen Verweis auf das Gewinnverbot in der Wohlfahrtspflege gem. § 66 Abs. 2 AO. Mithin sind Zweckbetriebe i. S. d. § 68 Nr. 4 AO nach dem BMF-Schreiben vom 6.12.2017 zwar regelmäßig in die wohlfahrtspflegerische Gesamtsphäre einzubeziehen. Eine Versagung der Steuerbegünstigung muss aber für diese Zweckbetriebe auch bei einem schädlichen Gewinn in der wohlfahrtspflegerischen Gesamtsphäre nicht befürchtet werden.[1]

XI. Umsatzsteuer

Das Jahressteuergesetz 2020 hält für gemeinnützige Körperschaften einige gesetzliche Neuregelungen im Bereich der Steuerbefreiungen des § 4 UStG bereit, die unmittelbare Auswirkungen auf die steuerliche Einordung bestimmter Leistungsarten haben. Dabei wird erfreulicherweise der Kreis der Unternehmer ausgeweitet, welche die Steuerbefreiungen jeweils in Anspruch nehmen können, und damit der Anwendungsbereich der Steuerbefreiungen insgesamt ausgedehnt.

Aber auch die in Kapitel V.1. erläuterte Einführung des § 57 Abs. 3 AO ist umsatzsteuerlich zu beleuchten. Schließlich führt die Neuregelung dazu, dass Kooperationen zwischen steuerbegünstigten Körperschaften in weit größerem Umfang als bislang ertragsteuerlich begünstigt werden. Es ist daher davon auszugehen, dass derartige Gestaltungen in der nahen Zukunft wesentlich häufiger auftreten werden.

1. Steuerbefreiungen (§ 4 UStG)

a) Leistungen im Gesundheitswesen (§ 4 Nr. 14 Buchst. f UStG)

Leistungen im Bereich der Humanmedizin sind grundsätzlich nach § 4 Nr. 14 UStG von der Umsatzsteuer befreit. Die Norm wurde mit Wirkung zum 1.1.2021 um den Buchstaben f erweitert, der einige, von der Rechtsprechung[2] bereits vorgezeichnete Anwendungsfälle der Steuerbefreiung konkretisiert. Steuerfrei sind demnach:

---

1 Vgl. das Beispiel unter Kapitel X.1.
2 Vgl. u. a. BFH, Urteil v. 2.8.2018 - V R 37/17, BFH/NV 2019 S. 177, NWB PAAAH-04005; BFH, Urteil v. 8.8.2013 - V R 13/12, BFH/NV 2014 S. 123, NWB MAAAE-48978.

„die eng mit der Förderung des öffentlichen Gesundheitswesens verbundenen Leistungen, die erbracht werden von

aa) juristischen Personen des öffentlichen Rechts,

bb) Sanitäts- und Rettungsdiensten, die die landesrechtlichen Voraussetzungen erfüllen, oder

cc) Einrichtungen, die nach § 75 des Fünften Buches Sozialgesetzbuch die Durchführung des ärztlichen Notdienstes sicherstellen;"

Die Erweiterung des Anwendungsbereichs der Steuerbefreiung steht im Einklang mit Art. 132 Abs. 1 Buchst. c und g MwStSystRL[1] und erfasst u. a. öffentliche Träger des Rettungsdienstes, die ihre Aufgaben gemäß Rettungsdienstgesetz des jeweiligen Landes selbst durchführen oder Sanitätsdienste bei Großveranstaltungen oder Versammlungen, soweit diese von der örtlichen Ordnungsbehörde angeordnet sind. Auch andere Leistungen rund um die Notfallrettung, wie die Bereitstellung von Fahrzeugen und Fahrern oder Rettungssanitätern, der Betrieb der Rettungswache und die Vermittlung der eingehenden Notfallrufe, fallen unter die neue Befreiungsnorm.

Schließlich greift die Befreiung für Leistungen der Notfallpraxen i. S. d. § 75 SGB V. Dabei sind neben der Organisation des Bereitschaftsdienstes auch die Leistungen des nichtärztlichen Personals umfasst. Die Einrichtungen müssen über einen Vertrag nach § 75 SGB V verfügen, welcher die Durchführung des ärztlichen Notdienstes vorsieht.

b) Betreuungs- und Pflegeleistungen (§ 4 Nr. 16 UStG)

In § 4 Nr. 16 UStG wurde mit dem Jahressteuergesetz 2020 der Einleitungssatz geändert. In der alten Fassung betraf die Norm:

„die mit dem Betrieb von Einrichtungen zur Betreuung oder Pflege körperlich, geistig oder seelisch hilfsbedürftiger Personen eng verbundenen Leistungen."

Seit dem 1.1.2020 gilt die Steuerbefreiung für:

„die eng mit der Betreuung oder Pflege körperlich, kognitiv oder psychisch hilfsbedürftiger Personen verbundenen Leistungen."

Die auf den ersten Blick unscheinbare Anpassung hat weitreichende Folgen. So galt § 4 Nr. 16 UStG bislang nur für die Betreiber von Betreuungs- und Pflegeeinrichtungen selbst. Durch die Umstellung des Einleitungssatzes stellt der Gesetzgeber klar, dass die Norm auch von Unternehmern in Anspruch genommen werden kann, die selbst keine Betreuungs- oder Pflegeleistungen, sondern lediglich damit eng verbundene Leistungen

---

1 Widmann: Jahressteuergesetz 2020: Die umsatzsteuerlichen Änderungen, MwStR 2021 S. 6, Tz. 3.1.

erbringen. Dabei handelt es sich häufig um Leistungen im Bereich der Pflegeberatung nach § 7a SGB XI, die Erstellung von Gutachten zur Feststellung der Pflegebedürftigkeit nach § 18 SGB XI, Leistungen beim Hausnotruf nach § 40 SGB XI oder die Erteilung von Pflegekursen nach § 45 SGB XI.

c) Verpflegungsdienstleistungen in Kindertageseinrichtungen (§ 4 Nr. 23 Buchst. c UStG)

Beköstigungsleistungen stehen im sozialen Sektor regelmäßig im Mittelpunkt des steuerlichen Interesses. Zunächst ist in der Praxis die Frage zu klären, ob eine Leistung als Speisenlieferung (Anwendung des ermäßigten Steuersatzes nach § 12 Abs. 2 Nr. 1 UStG) oder als Verpflegungsdienstleistung (Anwendung des Regelsteuersatzes, sofern keine Steuerbefreiung einschlägig ist) zu qualifizieren ist. Verpflegungsdienstleistungen zeichnen sich dadurch aus, dass der Dienstleistungsanteil qualitativ überwiegt.[1]

Bereits im Rahmen des Jahressteuergesetzes 2019 wurde § 4 Nr. 23 UStG um einen Buchstaben c erweitert, der **Verpflegungsdienstleistungen gegenüber Studierenden und Schülern** an Hochschulen und Schulen von der Umsatzsteuer befreit. Zur Speisenversorgung von Kindern in Kindertagesstätten wurde in der Gesetzesbegründung seinerzeit ausdrücklich auf die Regelungen des § 4 Nr. 25 UStG verwiesen.[2]

Dabei übersah der Gesetzgeber offenbar, dass die beiden Normen einen substantiellen Unterschied aufweisen: Während die Verpflegungsdienstleistungen in § 4 Nr. 23 Buchst. c UStG von allen Unternehmern steuerfrei erbracht werden können, die keine systematische Gewinnerzielung anstreben, ist **§ 4 Nr. 25 Satz 3 Buchst. b UStG** auf die Beköstigungsleistungen der jeweiligen Einrichtungsträger beschränkt. Ein gemeinnütziger Träger einer Kindertageseinrichtung, der mit seinen Ressourcen auch die benachbarte Kindertageseinrichtung versorgt, kann sich damit nicht auf § 4 Nr. 25 Satz 3 Buchst. b UStG berufen.

Zeitgleich führte die mit dem **Jahressteuergesetz 2019 vollzogene Anpassung des § 4 Nr. 18 UStG** an den Wortlaut der MwStSystRL dazu, dass diese Steuerbefreiung für Versorgungsdienstleistungen in Kindertageseinrichtungen fortan keine Anwendung mehr finden konnte. Die neu eingeführte Subsidiaritätsklausel in § 4 Nr. 18 Satz 3 UStG sorgt dafür, dass eine Umsatzsteuerbefreiung für in anderen Nummern des § 4 UStG bezeichnete Leistungen nur unter den dort genannten Voraussetzungen in Betracht kommt. Da die Beköstigung von Kindern in einer Kindertageseinrichtung jedoch dem Regelungsbereich von § 4 Nr. 25 UStG zuzurechnen ist, scheidet § 4 Nr. 18 UStG für diese Leistungen von vornherein aus.

---
1 BMF, Schreiben v. 20.3.2013 - IV D 2 - S 7100/07/10050-06, NWB IAAAE-32719.
2 Vgl. BT-Drucks. 19/13436 S. 150.

Zudem stellte der Gesetzgeber in seiner Gesetzesbegründung zur Neufassung des § 4 Nr. 18 UStG unter Berufung auf das Urteil des BFH vom 1.12.2010[1] klar, dass die von einem Menüservice erbrachten Verpflegungsdienstleistungen nicht als eng mit der Fürsorge oder der sozialen Sicherheit verbundene Leistungen i. S. d. § 4 Nr. 18 UStG anzusehen seien. Der BFH hatte zur Begründung seines Urteils ausgeführt, die Versorgung mit Essen entspreche einem Grundbedürfnis jedes Menschen – unabhängig vom jeweiligen Gesundheitszustand oder Alter. Daher werde die Leistung auch von jungen und/oder gesunden Menschen in Anspruch genommen, so dass keine eng mit der Fürsorge und der sozialen Sicherheit verbundenen Leistungen vorlägen.

Am Ende stand das Ergebnis, dass viele gemeinnützige Träger der freien Wohlfahrtspflege für Verpflegungsdienstleistungen, die sie für Kindertageseinrichtungen anderer Träger übernahmen, im **Jahr 2020 erstmals Umsatzsteuer** in Rechnung stellen mussten. Dieser Umstand erschien auch in Anbetracht der Ausführungen in der Gesetzesbegründung zu § 4 Nr. 23 Buchst. c UStG kurios. Darin betonte der Gesetzgeber noch, *„dass eine ausgewogene Ernährung eine grundlegende Voraussetzung für die optimale körperliche und geistige Leistungsfähigkeit von Kindern und Jugendlichen sowie jungen Erwachsenen ist."*[2]

Die Hinweise und Einwendungen aus dem Kreis der betroffenen Einrichtungen wurden von der Politik mittlerweile erhört. § 4 Nr. 23 Buchst. c UStG wurde durch das Jahressteuergesetz 2020 dahingehend ergänzt, dass nunmehr auch **Verpflegungsdienstleistungen gegenüber Kindern in Kindertageseinrichtungen** von der Umsatzsteuer befreit sind, wenn sie von Einrichtungen erbracht werden, die keine systematische Gewinnerzielung anstreben. Damit existiert nun eine Regelung, die im Vergleich zur Steuerbefreiung nach § 4 Nr. 18 UStG a. F., die den Einrichtungen der freien Wohlfahrtspflege vorbehalten war, sogar einen erweiterten Kreis von Unternehmern anspricht.

Zudem wurden auch **Beherbergungsleistungen** in den Anwendungsbereich des § 4 Nr. 23 Buchst. c UStG aufgenommen. Die Befreiung dürfte insbesondere die Leistungen der Studentenwerke betreffen, die beispielsweise kurzzeitige Beherbergungsleistungen für ausländische Studierende erbringen.

2. Steuerbegünstigte Kooperationen (§ 57 Abs. 3 AO)

Gemäß § 57 Abs. 3 AO können Zweckbetriebe nunmehr auch durch ein *„planmäßiges Zusammenwirken mit mindestens einer weiteren [steuerbegünstigten] Körperschaft"* unterhalten werden. So können beispielsweise Wäschereileistungen, die eine Tochterge-

---

1 BFH, Urteil v. 1.12.2010 - XI R 46/08, BFH/NV 2011 S. 712, NWB GAAAD-61761.
2 Vgl. BT-Drucks. 19/13436 S. 149.

sellschaft im Krankenhaus der Muttergesellschaft erbringt, der Sphäre der steuerbegünstigten Zweckbetriebe zugerechnet werden.[1]

Neben der ertragsteuerlichen Einordnung ist zu prüfen, welche Gestaltungsmöglichkeiten das Umsatzsteuerrecht für derartige Leistungsverflechtungen bereithält. Für gemeinnützige Körperschaften ist dies besonders wichtig, da die Ausgangsleistungen regelmäßig einer Umsatzsteuerbefreiung unterliegen und für die Eingangsleistungen mithin kein Vorsteuerabzug gewährt wird.

a) Umsatzsteuerliche Organschaft (§ 2 Abs. 2 Nr. 2 UStG)

In der Praxis ergeben sich bei den in Rede stehenden Fallgestaltungen häufig keine umsatzsteuerlichen Konsequenzen, da die Kooperationspartner demselben umsatzsteuerlichen Organkreis angehören.

Die umsatzsteuerliche Organschaft i. S. d. § 2 Abs. 2 Nr. 2 UStG verlangt eine **finanzielle, wirtschaftliche und organisatorische Eingliederung** der Organgesellschaft in das Unternehmen des Organträgers. Während die gesetzlichen Grundlagen seit vielen Jahren unangetastet sind, unterliegen die **durch die Rechtsprechung entwickelten Maßstäbe** in Bezug auf die Tatbestandsvoraussetzungen der Organschaft einem stetigen Wandel. Steuerpflichtige sind daher angehalten, die aktuellen Rechtsentwicklungen fortlaufend zu überwachen und ggf. Anpassungen vorzunehmen. Schließlich gibt es für die umsatzsteuerliche Organschaft in der aktuellen Ausgestaltung nach deutschem Recht kein Antrags- oder Feststellungsverfahren, so dass eine Organschaft jederzeit – u. U. vom Steuerpflichtigen unbemerkt – durch eine Änderung der Verhältnisse neu entstehen oder entfallen kann.

Interessant wird es sein, wie die Rechtsprechung die umsatzsteuerliche Organschaft nach deutschem Recht im Hinblick auf ihre **Unionsrechtskonformität** beurteilt. Bereits in der Vergangenheit hat der EuGH wiederholt festgestellt, dass die nationale Regelung den Vorgaben der MwStSystRL nicht genügt. So hat der EuGH beispielsweise bereits im Jahr 2015 ausgeurteilt, dass das nach deutschem Recht geforderte Unterordnungsverhältnis der Organgesellschaft in das Unternehmen des Organträgers („Eingliederung") nicht den Vorgaben der MwStSystRL entspricht.[2] Aktuell sind erneut zwei Vorlagefragen beim EuGH anhängig, die das Potenzial haben, die Vereinbarkeit des § 2 Abs. 2 Nr. 2 UStG mit Art 11 MwStSystRL grundsätzlich in Frage zu stellen.[3]

---

1 Vgl. hierzu auch das Beispiel in Kapitel V.2.
2 EuGH, Urteil v. 16.7.2015 - C-108/14, BStBl 2017 II S. 604.
3 EuGH, Vorlage v. 7.5.2020 - V R 40/19, NWB BAAAH-42681; EuGH, Vorlage v. 11.12.2019 - XI R 16/18, NWB QAAAH-00030.

Vor diesem Hintergrund ist u. E. zu erwarten, dass der Gesetzgeber sein bereits seit vielen Jahren diskutiertes Konzept einer **Gruppenbesteuerung** aufgreift und auf dieser Grundlage eine gesetzliche Nachfolgeregelung zur umsatzsteuerlichen Organschaft verabschiedet. Ein **Eckpunktepapier des BMF** zur Einführung der Gruppenbesteuerung liegt bereits seit dem 14.3.2019 vor. Eine wesentliche Neuerung bestünde darin, dass ein Antrags- und Feststellungsverfahren für die Umsatzsteuergruppe eingeführt würde. Dies hätte – neben einem maßgeblichen Zugewinn an Rechtssicherheit – zur Folge, dass Mitglieder frei entscheiden könnten, ob sie der Gruppe angehören möchten oder nicht. Es bleibt zu hoffen, dass sich der Gesetzgeber zeitnah an die Umsetzung dieses Reformvorhabens wagt.

b) Steuerbefreiung nach § 4 Nr. 29 UStG

Seit dem 1.1.2020 sind dem Gemeinwohl dienende Dienstleistungen von sog. Kostenteilungsgemeinschaften unter gewissen Voraussetzungen nach § 4 Nr. 29 UStG von der Umsatzsteuer befreit. Als exemplarische Anwendungsgebiete nennt die Gesetzesbegründung u. a. Laboruntersuchungen, Röntgenuntersuchungen und andere medizinisch-technische Leistungen.[1]

Im Wortlaut befreit § 4 Nr. 29 UStG:

„sonstige Leistungen von selbständigen, im Inland ansässigen Zusammenschlüssen von Personen, deren Mitglieder eine dem Gemeinwohl dienende nichtunternehmerische Tätigkeit oder eine dem Gemeinwohl dienende Tätigkeit ausüben, die nach den Nummern 11b, 14 bis 18, 20 bis 25 oder 27 von der Steuer befreit ist, gegenüber ihren im Inland ansässigen Mitgliedern, soweit diese Leistungen für unmittelbare Zwecke der Ausübung dieser Tätigkeiten verwendet werden und der Zusammenschluss von seinen Mitgliedern lediglich die genaue Erstattung des jeweiligen Anteils an den gemeinsamen Kosten fordert, vorausgesetzt, dass diese Befreiung nicht zu einer Wettbewerbsverzerrung führt."

Für Kooperationen, die i. S. eines planmäßigen Zusammenwirkens zwischen steuerbegünstigten Körperschaften erbracht werden, könnte diese Steuerbefreiung grundsätzlich einschlägig sein. Bei genauerer Betrachtung sind die Anforderungen für die Inanspruchnahme der Steuerbefreiung allerdings recht hoch.

Beim leistenden Unternehmer muss es sich um einen **selbständigen Personenzusammenschluss** handeln. Denkbar sind hier sowohl Personen- als auch Kapitalgesellschaften. Wichtig ist aber, dass die Gesellschaft umsatzsteuerlich selbständig, also nicht Teil einer bestehenden umsatzsteuerlichen Organschaft ist. Soweit also Organgesellschaften Dienstleistungen an einen außerhalb der Organschaft stehenden Gesellschafter er-

---

[1] Vgl. BT-Drucks. 19/13436 S. 152.

2. Steuerbegünstigte Kooperationen (§ 57 Abs. 3 AO)

bringen, können diese zwar u. U. ertragsteuerlich begünstigt sein, in der Umsatzsteuer greift § 4 Nr. 29 UStG jedoch nicht.[1]

Die an dem Zusammenschluss beteiligten Unternehmen müssen bestimmte **steuerfreie oder nichtunternehmerische Tätigkeiten** ausüben. Dazu zählen u. a. Heilbehandlungsleistungen i. S. d. § 4 Nr. 14 UStG oder stationäre und ambulante Pflegeleistungen i. S. d. § 4 Nr. 16 UStG. Die von der Steuerbefreiung erfassten Dienstleistungen des Personenzusammenschlusses sind wiederum **unmittelbar für diese begünstigten Zwecke** zu verwenden. Eine lediglich mittelbare Förderung der Tätigkeiten der Mitglieder, beispielsweise in Form von allgemeinen Verwaltungsleistungen, soll laut Gesetzesbegründung nicht ausreichen.[2] Damit bleiben viele der von § 57 Abs. 3 AO erfassten und damit ertragsteuerlich begünstigten Funktionsleistungen umsatzsteuerlich außen vor.[3]

Vergütet wird die Leistungen von den Mitgliedern in Höhe ihres jeweiligen Anteils an den gemeinsamen Kosten **ohne Gewinnaufschlag**. Es muss also ein System etabliert werden, das eine verursachungsgerechte Kostenumlage sicherstellt.

Und schließlich darf die Steuerbefreiung nicht zu einer **Wettbewerbsverzerrung** führen. Als Indizien für eine Wettbewerbsverzerrung gelten u. a. die Ausführung derselben Dienstleistung gegenüber Nicht-Mitgliedern am Markt oder die Tatsache, dass bei dem Personenzusammenschluss im Ergebnis allein die Optimierung der Umsatzsteuerbelastung im Vordergrund steht.[4] Dieses Kriterium dürfte in der Praxis die größten Schwierigkeiten bereiten. Ein Nachweis darüber, dass die Steuerbefreiung keine Wettbewerbsverzerrungen zur Folge hat, wird vermutlich nur in ausgewählten Einzelfällen ohne Weiteres gelingen. Wird der Begriff des Wettbewerbs eng ausgelegt, dient diese Auslegung dem größtmöglichen Schutz des Wettbewerbs; jedoch würde sich dann gleichzeitig der Anwendungsbereich dieser Steuerbefreiung auf nahezu Null reduzieren. Daher ist damit zu rechnen, dass die Finanzverwaltung im Rahmen steuerlicher Außenprüfungen Leistungen, für die sich der Steuerpflichtige auf § 4 Nr. 29 UStG beruft, regelmäßig unter Bezugnahme auf das Wettbewerbskriterium kritisch hinterfragen wird.

Im Ergebnis ist festzustellen, dass der Anwendungsbereich der Norm durch die engen Tatbestandsvoraussetzungen enorm eingeschränkt wird, so dass § 4 Nr. 29 UStG nur in Einzelfällen als umsatzsteuerliches Pendant zur Steuerbegünstigung des § 57 Abs. 3 AO funktionieren wird.

Zudem besteht aufgrund der vielen unbestimmten Rechtsbegriffe und der fehlenden verwaltungsseitigen Auslegungshilfen noch eine erhebliche Rechtsunsicherheit in Be-

---
1 Vgl. das Beispiel in Kapitel VI.2.
2 Vgl. BT-Drucks. 19/13436 S. 152.
3 Vgl. zum Umfang der Funktionsleistungen Kapitel V.2.c).
4 Vgl. BT-Drucks. 19/13436 S. 152.

zug auf die Tatbestandsvoraussetzungen der Norm. Insofern sollten entsprechende Gestaltungen im Vorfeld über eine verbindliche Auskunft i. S. d. § 89 Abs. 2 AO abgesichert werden.

c) Ermäßigter Steuersatz (§ 12 Abs. 2 Nr. 8 Buchst. a UStG)

Unmittelbare Auswirkungen der Neuregelung des § 57 Abs. 3 AO können sich hinsichtlich der Anwendung des Steuersatzes ergeben. So gestattet § 12 Abs. 2 Nr. 8 Buchst. a UStG die Berufung auf den ermäßigten Steuersatz für *„die Leistungen der Körperschaften, die ausschließlich und unmittelbar gemeinnützige, mildtätige oder kirchliche Zwecke verfolgen (§§ 51 bis 68 der Abgabenordnung)."*

Eingeschränkt wird der Anwendungsbereich der Steuerermäßigung durch die Vorgaben der Sätze 2 und 3:

*„Das gilt nicht für Leistungen, die im Rahmen eines **wirtschaftlichen Geschäftsbetriebs** ausgeführt werden.*

*Für Leistungen, die im Rahmen eines **Zweckbetriebs** ausgeführt werden, gilt Satz 1 nur, wenn der Zweckbetrieb nicht in erster Linie der Erzielung zusätzlicher Einnahmen durch die Ausführung von Umsätzen dient, die in unmittelbarem Wettbewerb mit dem allgemeinen Steuersatz unterliegenden Leistungen anderer Unternehmer ausgeführt werden, oder wenn die Körperschaft mit diesen Leistungen ihrer in den §§ 66 bis 68 der Abgabenordnung bezeichneten Zweckbetriebe ihre steuerbegünstigten satzungsgemäßen Zwecke selbst verwirklicht."*

Leistungen, die bislang von einer steuerbegünstigten Körperschaft im steuerpflichtigen wirtschaftlichen Geschäftsbetrieb[1] oder von einer nicht steuerbegünstigten Servicegesellschaft[2] erbracht wurden und die **unter Berufung auf § 57 Abs. 3 AO** zukünftig einem Zweckbetrieb zugerechnet werden können, müssen auch umsatzsteuerlich neu bewertet werden. Mit der ertragsteuerlichen Umqualifizierung geraten diese Leistungen grundsätzlich in den Anwendungsbereich von § 12 Abs. 2 Nr. 8 Buchst. a UStG.

Fraglich ist jedoch, ob und inwieweit die Neukonzeption des Unmittelbarkeitsgrundsatzes in § 57 AO in der Praxis auf die Umsatzsteuer tatsächlich durchschlägt.

Leistungen eines Zweckbetriebes können dem ermäßigten Steuersatz unterworfen werden, wenn der Zweckbetrieb nicht in erster Linie der Erzielung zusätzlicher Einnahmen durch die Ausführung von Umsätzen dient, die in unmittelbarem Wettbewerb zu nicht begünstigten Unternehmern ausgeführt werden (§ 12 Abs. 2 Nr. 8 Buchst. a Satz 3, **1. Alternative** UStG). Die Regelung zielt darauf ab, Wettbewerbsverzerrungen durch

---

1 Vgl. das Beispiel in Kapitel V.4.a).
2 Vgl. das Beispiel in Kapitel V.4.c).

2. Steuerbegünstigte Kooperationen (§ 57 Abs. 3 AO)

die Inanspruchnahme des ermäßigten Steuersatzes auf den unionsrechtlich zulässigen Umfang zu beschränken.

Der UStAE schließt für die nachfolgend aufgeführten Zweckbetriebe eine Wettbewerbsverzerrung durch den ermäßigten Steuersatz aufgrund der jeweiligen ertragsteuerlich vorgegeben Spezifika kategorisch aus:

- allgemeine Zweckbetriebe i. S. d. § 65 AO;
- Zweckbetriebe der Wohlfahrtspflege i. S. d. § 66 AO;
- Zweckbetriebe i. S. d. § 68 Nr. 1 Buchst. a AO (u. a. Stationäre Alten- und Pflegeeinrichtungen);
- Zweckbetriebe i. S. d. § 68 Nr. 2 AO (Selbstversorgungszweckbetrieb).[1]

Für diese Zweckbetriebe ist der ermäßigte Steuersatz nach Auffassung der Finanzverwaltung somit uneingeschränkt anwendbar.

Für die übrigen Zweckbetriebe kann der ermäßigte Steuersatz angesetzt werden, wenn die Körperschaft mit diesen Leistungen ihre steuerbegünstigten satzungsgemäßen Zwecke selbst verwirklicht (§ 12 Abs. 2 Nr. 8 Buchst. a Satz 3, **2. Alternative** UStG).

Dies ist nach den Vorgaben des UStAE u. a. bei den folgenden Leistungen der Fall:

- Umsätze auf dem Gebiet der Heilbehandlung, mit deren Ausführung ein Krankenhauszweckbetrieb nach § 67 AO verwirklicht wird;
- Betreuungs- oder Beherbergungsumsätze bei Kindergärten, Kinder-, Jugend- und Studenten- oder Schullandheimen (§ 68 Nr. 1 Buchst. b AO);
- Lehrveranstaltungen in Volkshochschulen u. ä. Einrichtungen (§ 68 Nr. 8 AO).[2]

Es ist somit zunächst entscheidend zu wissen, **welcher Zweckbetriebsnorm** die unter Berufung auf § 57 Abs. 3 AO neu gewonnenen Zweckbetriebe zuzuordnen sind.

Grundsätzlich vertreten wir die Auffassung, dass für die Bestimmung des Zweckbetriebs die jeweilige Ausgangsleistung des Kooperationspartners maßgeblich ist.

BEISPIEL: Eine gemeinnützige GmbH betätigt sich in der ambulanten Altenhilfe. Sie unterhält damit einen Zweckbetrieb i. S. d. § 66 AO. Die Gesellschaft bezieht Verwaltungsleistungen von ihrer steuerbegünstigten Konzernmutter.

---

1 UStAE zu § 12, Nr. 12.9. Abs. 9.
2 UStAE zu § 12, Nr. 12.9. Abs. 10.

XI. Umsatzsteuer

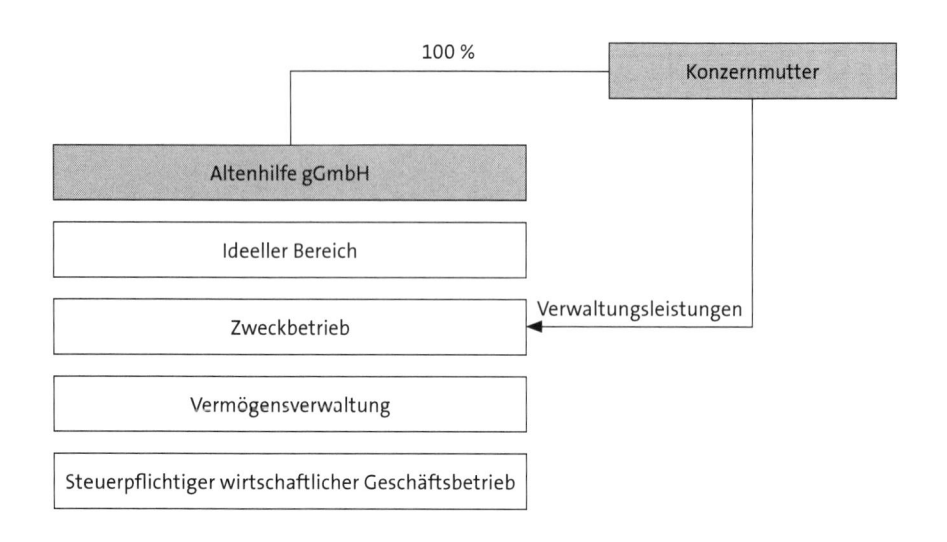

```
                    100 %        ┌──────────────────┐
           ┌─────────────────────│  Konzernmutter   │
           │                     └──────────────────┘
┌──────────────────────────┐
│    Altenhilfe gGmbH      │
└──────────────────────────┘
┌──────────────────────────┐
│    Ideeller Bereich      │
└──────────────────────────┘
┌──────────────────────────┐     Verwaltungsleistungen
│     Zweckbetrieb         │◄────────────────────────
└──────────────────────────┘
┌──────────────────────────┐
│   Vermögensverwaltung    │
└──────────────────────────┘
┌────────────────────────────────────────┐
│ Steuerpflichtiger wirtschaftlicher Geschäftsbetrieb │
└────────────────────────────────────────┘
```

Die Verwaltungsleistungen können bei der Konzernmutter bei Vorliegen der Voraussetzungen des § 57 Abs. 3 AO steuerbegünstigt sein. Da sie im Wege eines planmäßigen Zusammenwirkens der Unterhaltung eines Zweckbetriebes i. S. d. § 66 AO bei der Tochtergesellschaft dienen, sind die Verwaltungsleistungen bei der Konzernmutter **ebenfalls als Zweckbetrieb i. S. d. § 66 AO** einzustufen.

Übersetzt man dieses Prinzip für die Umsatzsteuer, so ergibt es sich, dass u. a. auch für kooperative allgemeine Zweckbetriebe i. S. d. § 65 AO und für kooperative Zweckbetriebe der Wohlfahrtspflege i. S. d. § 66 AO der ermäßigte Steuersatz grundsätzlich Anwendung finden müsste, da die Voraussetzungen des § 12 Abs. 2 Nr. 8 Buchst. a Satz 3, **1. Alternative** UStG stets erfüllt sind. Wie die Gerichtsbarkeit die Frage beantworten wird, ob diese pauschale steuerliche Einordnung dem Ziel der MwStSystRL, Wettbewerbsverzerrungen auf ein notwendiges Maß zu beschränken, gerecht wird, bleibt abzuwarten. Zudem ist fraglich, ob eine solche Prüfungssystematik praxistauglich wäre. So müsste beispielsweise bei Verwaltungsleistungen, die von der Konzernmutter für verschiedene Zweckbetriebe der Tochtergesellschaft erbracht werden, für umsatzsteuerliche Zwecke eine aufwandsgerechte Aufteilung und Zurechnung der Leistungen durchgeführt werden.

Für die Zweckbetriebe, die nicht pauschal dem Regelungsbereich der 1. Alternative zugerechnet werden, bleibt nur die Berufung auf § 12 Abs. 2 Nr. 8 Buchst. a Satz 3, **2. Alternative** UStG.

BEISPIEL:[1] Eine Krankenhaus gGmbH (Zweckbetrieb gem. § 67 AO) gliedert ihren zum Zweckbetrieb gehörenden Wäschereibetrieb auf eine (zunächst) gewerbliche Wäscherei-GmbH aus.

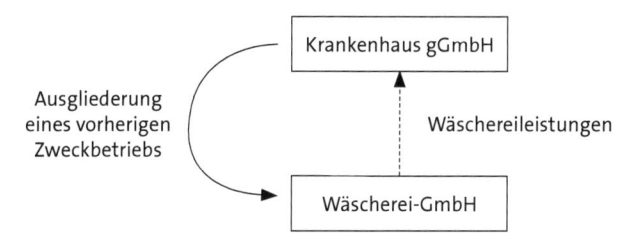

```
                        ┌── Krankenhaus gGmbH
   Ausgliederung       │         ▲
   eines vorherigen    │         ┊  Wäschereileistungen
   Zweckbetriebs       │         ┊
                        └──▶ Wäscherei-GmbH
```

Die Leistungen der Wäscherei GmbH, die als satzungsgemäß definiertes, planmäßiges Zusammenwirken nach § 57 Abs. 3 AO steuerbegünstigt sein können, sind dem Zweckbetrieb nach § 67 AO zuzurechnen.

Ob die Wäschereileistungen auch dem ermäßigten Umsatzsteuersatz unterworfen werden können, ist fraglich. Die Versagung einer wettbewerbsrelevanten Tätigkeit i. S. d. § 12 Abs. 2 Nr. 8 Buchst. a Satz 3, 1. **Alternative** UStG erscheint hier abwegig, da die Wäscherei-GmbH unzweifelhaft im Wettbewerb zu nicht steuerbegünstigten Unternehmern agiert.

Auch eine Berufung auf § 12 Abs. 2 Nr. 8 Buchst. a Satz 3, 2. **Alternative** UStG kommt u. E. nicht in Betracht, da die Gesellschaft mit diesen Leistungen ihre satzungsgemäßen Zwecke nicht selbst verwirklicht. Auch der UStAE sieht schließlich für den Krankenhauszweckbetrieb i. S. d. § 67 AO nur für die *„Umsätze auf dem Gebiet der Heilbehandlung"* die Voraussetzungen für eine Zweckverfolgung als gegeben an.[2]

Im Ergebnis ist festzustellen, dass die ertragsteuerliche Zuordnung kooperativer Zweckbetriebe i. S. d. § 57 Abs. 3 AO zu einer Zweckbetriebsnorm (§§ 65 bis 68 AO) einen ersten Anhaltspunkt für die Frage der Anwendbarkeit des ermäßigten Steuersatzes liefern kann. Ob die Finanzverwaltung ihre im UStAE niedergelegten Grundsätze auf diese Leistungen uneingeschränkt übertragen wird, bleibt abzuwarten. Spätestens vor den Finanzgerichten wird die Frage aufgeworfen, ob die dadurch erzielten Ergebnisse dem Grundgedanken der MwStSystRL gerecht werden.

XII. Ausstiegsbesteuerung

Der Verlust ebenso wie die willentliche Aufgabe der gemeinnützigkeitsrechtlichen Anerkennung haben berechtigterweise weitreichende steuerliche Konsequenzen. Da jedoch die existierende Regelung in § 61 Abs. 3 AO verfahrenstechnisch extrem aufwendig ist, wird seit vielen Jahren eine Reform dieser sog. Ausstiegsbesteuerung gefordert.

---

1 Fortsetzung des Beispiels aus Kapitel V.2.
2 UStAE zu § 12, Nr. 12.9. Abs. 10.

Insbesondere die **rückwirkende Nachversteuerung** von bis zu zehn Jahren führt dazu, dass sowohl für die Steuerpflichtigen als auch für die Finanzverwaltung ein enormer administrativer Aufwand entsteht. Zudem ist für die bislang steuerbegünstigte Körperschaft im Voraus häufig nur schwer absehbar, wie hoch die mit dem Verlust der Gemeinnützigkeit einhergehende Steuerbelastung am Ende tatsächlich ausfällt.

Die im Zuge des Gesetzgebungsprozesses zum Jahressteuergesetz 2020 diskutierte Neufassung stieß jedoch auf massive Kritik, insbesondere der Wohlfahrtspflegeverbände. Am Ende verzichtete der Gesetzgeber auf eine Anpassung der gesetzlichen Regelungen.

1. Ausstiegsbesteuerung nach § 61 Abs. 3 AO

Der Grundsatz der Vermögensbindung ist in § 55 Abs. 1 Nr. 4 AO geregelt. Er bestimmt, dass das Vermögen einer steuerbegünstigten Körperschaft auch im Falle der Auflösung oder Aufhebung der Körperschaft oder bei Wegfall ihres bisherigen Zwecks für steuerbegünstigte Zwecke verwendet werden muss. Die Anteilseigner können lediglich ihre eingezahlten Kapitalanteile und den gemeinen Wert der geleisteten Sacheinlagen zurückfordern. Jede steuerbegünstigte Körperschaft hat eine entsprechende Regelung in ihrer Satzung zu verankern.[1]

Wird die Satzungsregelung zur Vermögensbindung nachträglich geändert, beispielsweise um Gewinnausschüttungen an nicht steuerbegünstigte Gesellschafter zu ermöglichen, führt dies für die Zukunft zwingend zum Verlust der Gemeinnützigkeit. Um nun aber zu verhindern, dass die in der Vergangenheit unter dem Regime der Steuerbegünstigung erwirtschafteten Mittel an die Anteilseigner ohne Weiteres ausgeschüttet werden können, hat der Gesetzgeber eine rückwirkende Nachversteuerung vorgesehen. Diese greift nach § 63 Abs. 2 AO auch, wenn die Satzung die Vermögensbindung zwar ordnungsgemäß vorschreibt, die tatsächliche Geschäftsführung dem aber nicht entspricht (Mittelfehlverwendung).

Rein technisch fingiert die Abgabenordnung in der geltenden Fassung in § 61 Abs. 3 AO, dass die Anforderungen für eine gemeinnützigkeitsrechtliche Anerkennung von Anfang an nicht gegeben seien. Verfahrensrechtlich wird die Nachversteuerung dabei auf zehn Jahre beschränkt:

„Wird die Bestimmung über die Vermögensbindung nachträglich so geändert, dass sie den Anforderungen des § 55 Abs. 1 Nr. 4 nicht mehr entspricht, so gilt sie von Anfang an als steuerlich nicht ausreichend. § 175 Abs. 1 Satz 1 Nr. 2 ist mit der Maßgabe anzuwenden, dass Steuerbescheide erlassen, aufgehoben oder geändert werden können, soweit sie Steu-

---

1 Vgl. § 60 Abs. 1 AO i. V. m. Anlage 1 zu § 60 AO.

ern betreffen, die innerhalb der letzten zehn Kalenderjahre vor der Änderung der Bestimmung über die Vermögensbindung entstanden sind."

Die zuvor steuerbegünstigte Körperschaft muss mithin ihre Einkünfte der letzten zehn Kalenderjahre rückwirkend der Körperschaft- und Gewerbesteuer unterwerfen. Zu diesem Zweck sind entsprechende Steuerbilanzen aufzustellen und Steuererklärungen einzureichen. Für die Gewerbesteuer kommen – je nach Leistungsart – ggf. gesonderte Steuerbefreiungen in Betracht (beispielsweise § 3 Nr. 20 GewStG für Krankenhäuser oder Altenhilfeeinrichtungen).

Umsatzsteuerliche Korrekturen für die vergangenen zehn Jahre sind erforderlich, wenn beispielsweise Leistungen unter Berufung auf die gemeinnützigkeitsrechtliche Anerkennung steuerfrei (z. B. wohlfahrtspflegerische Leistungen i. S. d. § 4 Nr. 18 UStG a. F. oder Bildungsleistungen i. S. d. § 4 Nr. 22 UStG) oder mit dem ermäßigten Steuersatz (§ 12 Abs. 2 Nr. 8 Buchst. a UStG) abgerechnet wurden. Korrespondierend kann die Körperschaft ggf. nachträglich den Vorsteuerabzug geltend machen.

Auch andere Steuerarten stützen sich auf die gemeinnützigkeitsrechtliche Anerkennung (z. B. bei für die Grundsteuerbefreiung nach § 3 Abs. 1 Nr. 3 Buchst. b GrStG oder den Spendenabzug nach § 10b Abs. 1 Satz 2 Nr. 2 EStG).

Die steuerlichen Auswirkungen sind mithin vielschichtig und der Aufwand für die Ermittlung, Deklaration und Prüfung der Auswirkungen des Verlustes der Gemeinnützigkeit übersteigt nicht selten sogar die nachzuentrichtenden Steuerbeträge. Daher wird ein planmäßiger Ausstieg aus der Gemeinnützigkeit nur vergleichsweise selten durchgeführt.

2. Reformansatz der „Ausstiegsabgabe"

Im Gesetzesentwurf zum Jahressteuergesetz 2020[1] war eine Neuregelung für den Verlust bzw. den Ausstieg aus der Gemeinnützigkeit vorgesehen. So sollte sich gem. § 23 Abs. 1 Satz 2 KStG-E im Veranlagungszeitraum des Ausstiegs die Körperschaftsteuer um **30 % des Wertes des maßgeblichen Vermögens** der Körperschaft erhöhen.

Für die Bestimmung des Ausstiegszeitpunkts wäre § 61 Abs. 3 AO-E wie folgt geändert worden:

„Wird die Bestimmung über die Vermögensbindung nachträglich so geändert, dass sie den Anforderungen des § 55 Absatz 1 Nummer 4 nicht mehr entspricht, entfallen zum Ausstiegszeitpunkt die Steuerbegünstigungen, die in Einzelsteuergesetzen gewährt werden, wenn die Voraussetzungen der §§ 51 bis 68 vorliegen. Dies gilt auch, wenn die tatsäch-

---

1 Vgl. BR-Drucks. 503/20 Nr. 31.

XII. Ausstiegsbesteuerung

liche Geschäftsführung der Körperschaft gegen den Grundsatz der Vermögensbindung (§ 55 Absatz 1 Nummer 4) verstößt. Ausstiegszeitpunkt ist der Beginn des Veranlagungszeitraums, in dem die Wirksamkeit des Ereignisses im Sinne des Satzes 1 eintritt (auslösendes Ereignis). [...]"

Das maßgebliche Vermögen sollte in § 61 Abs. 4 AO-E definiert werden:

„In den Fällen des Absatzes 3 ist das Vermögen der Körperschaft im Sinne des § 55 Absatz 1 Nummer 4 mit dem gemeinen Wert zum Ausstiegszeitpunkt zu bewerten. Auf Antrag kann abweichend von Satz 1 das Vermögen mit dem Wert angesetzt werden, der sich nach den Vorschriften über die steuerliche Gewinnermittlung ergeben würde, soweit das Vermögen im Ausstiegszeitpunkt dem Betriebsvermögen der Körperschaft zuzuordnen und die Besteuerung der stillen Reserven sichergestellt ist. In Fällen des Absatzes 3 Satz 4 und 5 ist der Wertansatz in der steuerlichen Schlussbilanz auf den steuerlichen Übertragungsstichtag des übertragenden Rechtsträgers maßgeblich."

Anders als bei der geltenden Regelung des § 61 Abs. 3 AO würde der Körperschaft also die Gemeinnützigkeit für die Vergangenheit nicht aberkannt. Durch die Ausstiegsabgabe i. H. von 30 % des Vermögens würden die Steuervorteile, die die Körperschaft durch den Gemeinnützigkeitsstatus erlangt hat, mit einer Zahlung pauschal abgegolten. Für andere Steuerarten wären die Auswirkungen des Verlustes der Gemeinnützigkeit nur für die Zukunft zu berücksichtigen.

Für steuerbegünstigte Körperschaften, die über einen Ausstieg aus der Gemeinnützigkeit nachdenken, wäre diese Regelung sicher zu begrüßen. Schließlich wäre dann eine zuverlässige Ermittlung der mit dem Ausstieg verbundenen Steuerbelastung mit vergleichsweise geringem Aufwand möglich.

Eben dieser Umstand rief aber auch Kritik hervor. So hatte u. a. die Bundesarbeitsgemeinschaft der Freien Wohlfahrtspflege e. V. darauf hingewiesen, dass bei einem erleichterten Ausstieg aus der Gemeinnützigkeit das berechtigte Interesse der Allgemeinheit an einer dauerhaften gemeinnützigkeitsrechtlichen Vermögensbindung verletzt würde und sich die Regelung negativ auf das Image der Gemeinnützigkeit auswirken könne.[1]

Diesen Argumenten konnte oder wollte sich der Gesetzgeber wohl nicht verschließen. Die Einführung der Ausstiegsabgabe wurde aus der Beschlussvorlage entfernt. Es bleibt abzuwarten, ob und wann sich der Gesetzgeber mit der Thematik noch einmal auseinandersetzen wird.

---

1 https://go.nwb.de/htob5.

XIII. Weitere Änderungen

1. Übungsleiterfreibetrag und Ehrenamtspauschale

Mit Wirkung zum 1.1.2021 wurde der Übungsleiterfreibetrag von 2.400 € auf 3.000 € angehoben (§ 3 Nr. 26 Satz 1 EStG). Ebenfalls angehoben wurde die Ehrenamtspauschale von 720 € auf 840 € (§ 3 Nr. 26a Satz 1 EStG). Mit der Anhebung der Freibeträge soll eine Entlastung der ehrenamtlich Engagierten erreicht werden.[1] Beide Freibeträge wurden zuletzt im Jahr 2013 erhöht, so dass es sich wohl eher um eine Anpassung an das gestiegene Preisniveau als um eine echte Erhöhung handelt.

Die Höhe der Ehrenamtspauschale korrelierte bisher mit dem Haftungsprivileg des § 31a BGB. § 31a BGB sieht vor, dass Organe die eine Vergütung von bis zu 720 € im Jahr erhalten, gegenüber dem Verein für einen bei der Wahrnehmung ihrer Pflichten verursachten Schaden nur bei Vorliegen von Vorsatz oder grober Fahrlässigkeit haften. Der neue Freibetrag von 840 € könnte nun zur ungewollten Aushebelung des Haftungsprivilegs führen. Aus Gründen der Rechtsklarheit sollte daher zeitnah eine Anpassung der Vergütungsobergrenze in § 31a BGB erfolgen.[2]

2. Vereinfachter Zuwendungsnachweis

Der Anwendungsbereich des vereinfachten Zuwendungsnachweises gem. § 50 Abs. 4 Satz 1 Nr. 2 EStDV wurde durch das JStG 2020 erweitert. Spenden und Mitgliedsbeiträge bis 300 € können demnach ohne Vorlage einer Zuwendungsbescheinigung als Sonderausgaben steuerlich geltend gemacht werden (bisher 200 €). Die 200 €-Grenze existierte bereits seit 2007, so dass die Anpassung dringend erforderlich war.[3] Die neue Anwendungsgrenze gilt für sämtliche Zuwendungen, die der Empfängerkörperschaft ab dem 1.1.2020 zufließen (§ 84 Abs. 2c EStDV), also rückwirkend.

Die Ausweitung des Anwendungsbereichs für den vereinfachten Zuwendungsnachweis kann zur Entbürokratisierung beitragen und die Spendenbereitschaft erhöhen. Vor diesem Hintergrund wäre allerdings auch eine weitreichendere Erhöhung denkbar gewesen.

3. Zuwendungsempfängerregister

Zum 1.1.2024 wird ein öffentlich einsehbares Zuwendungsempfängerregister geschafften, welches vom Bundeszentralamt für Steuern (BZSt) geführt werden soll

---

1 Vgl. BT-Drucks. 19/25160 S. 192.
2 Vgl. auch Bundesverband Deutscher Stiftungen, https://go.nwb.de/qnap2 (zuletzt abgerufen am 6.3.2021).
3 Vgl. BT-Drucks. 19/25160 S. 192.

(§ 60b AO).[1] Damit die Daten des Zuwendungsempfängerregisters auch von Dritten eingesehen werden können, wurde das Steuergeheimnis entsprechend eingeschränkt (§ 60b Abs. 4 AO). Das Zuwendungsempfängerregister soll folgende Angaben zu sämtlichen steuerbegünstigten Körperschaften i. S. d. § 5 Abs. 1 Nr. 9 KStG enthalten:

1. Wirtschafts-Identifikationsnummer der Körperschaft,
2. Name der Körperschaft,
3. Anschrift der Körperschaft,
4. steuerbegünstigte Zwecke der Körperschaft,
5. das für die Festsetzung der Körperschaftsteuer der Körperschaft zuständige Finanzamt,
6. Datum der Erteilung des letzten Freistellungsbescheides oder Feststellungsbescheides nach § 60a,
7. Bankverbindung der Körperschaft.

Für inländische steuerbegünstigte Körperschaften sollen die erforderlichen Informationen von den Landesfinanzbehörden bereitgestellt werden (§ 60b Abs. 3 AO). Die Beurteilung der Gemeinnützigkeit obliegt somit weiterhin dem Veranlagungsfinanzamt. Etwas anderes gilt für Körperschaften ohne Sitz in Deutschland, die nachweislich Zuwendungen erhalten haben. In diesen Fällen ist das BZSt für die Beurteilung der Gemeinnützigkeit und die damit einhergehende Berechtigung zur Ausstellung einer Zuwendungsbestätigung zuständig (§ 5 Abs. 1 Satz 1 Nr. 47 Buchst. b FVG). § 5 Abs. 1 Satz 1 Nr. 47 Buchst. b FVG regelt zunächst nur die Anerkennung von Zuwendungsbescheinigungen, daher ist fraglich, ob die Feststellung der Gemeinnützigkeit für ausländische Körperschaften auch für die Anwendung von § 58 Nr. 1 AO nutzbar gemacht werden kann.[2]

In den Aufgabenbereich des BZSt fällt zukünftig auch die Prüfung von Aufnahmeanträgen ausländischer steuerbegünstigter Körperschaften in das Zuwendungsempfängerregister (§ 5 Abs. 1 Satz 1 Nr. 47 Buchst. c FVG). Ebenso wie der Abgleich der in den Verfassungsschutzberichten als „extremistisch" eingestuften Organisationen mit den im Zuwendungsempfängerregister aufgeführten Körperschaften. Die Auswertung der Verfassungsschutzberichte obliegt derzeit noch dem jeweiligen Veranlagungsfinanzamt.[3] Stellt das BZSt zukünftig fest, dass eine „steuerbegünstigte" Körperschaft als extremistisch eingestuft wurde oder aus anderen Gründen die tatsächliche Geschäftsfüh-

---

[1] Vgl. BT-Drucks. 19/25160 S. 199.
[2] Vgl. auch Kirchhain, Im zweiten Anlauf durch die Hintertür: Umfassende Änderungen für gemeinnützige Organisationen und deren Förderer durch das JStG 2020, DStR 2021 S. 129–137.
[3] Vgl. BT-Drucks. 19/25160 S. 199.

rung nicht den satzungsmäßigen Bestimmungen entspricht, hat es seine Erkenntnisse an die zuständige Finanzbehörde weiterzuleiten.

Die geplante Einführung des Zuwendungsempfängerregisters ist durchaus begrüßenswert. Zunächst einmal kann das Register als weiterer Schritt hin zur Digitalisierung und Vereinfachung des Spendenquittungsverfahrens verstanden werden. Unabhängig von der Verfahrensvereinfachung wird ein solches „Gemeinnützigkeitsregister" aber auch zu Transparenz beitragen und damit der missbräuchlichen Ausstellung von Zuwendungsbescheinigungen unter vorgetäuschter Gemeinnützigkeit entgegenwirken. Die öffentlich zugängliche Plattform schafft zudem für Spender eine praktikable Möglichkeit zur eigenständigen Überprüfung der Gemeinnützigkeit und stärkt dadurch das Vertrauen in den gemeinnützigen Sektor. Ob die Einführung des Zuwendungsempfängerregisters tatsächlich zum 1.1.2024 erfolgen wird, bleibt abzuwarten.

XIV. Fazit und Ausblick

Zusammenfassend ist festzustellen, dass mit dem Jahressteuergesetz 2020 eine Reform des Gemeinnützigkeitsrechts erfolgte, die zwei ganz unterschiedliche Wirkungsbereiche zeigt. Zum einen sind dort die Änderungen punktueller Natur wie z. B. die Anpassung von Freibeträgen und Freigrenzen, Vereinfachungen bei Mittelzuwendungen und Ergänzungen im Zweck – und Zweckbetriebskatalog – zu erkennen. Auf der anderen Seite hat der Gesetzgeber mit den Neuregelungen zur Unmittelbarkeit aus unserer Sicht einen wichtigen und großen Schritt zur Vereinfachung der Besteuerung steuerbegünstigter Unternehmenskooperationen geleistet, dessen Reichweite sich erst messen lassen wird, wenn die Unternehmen den erweiterten Handlungsrahmen in den nächsten Jahren vollumfänglich umgesetzt haben.

Fazit – Gemeinnützige Zwecke, zeitnahe Mittelverwendung und Freibeträge/-grenzen

Der Katalog der gemeinnützigen Zwecke i. S. d. § 52 Abs. 2 AO hat einige Erweiterungen erfahren. So wird die Förderung des Umweltschutzes klarstellend um den Klimaschutz ergänzt (§ 52 Abs. 2 Satz 1 Nr. 8 AO). In § 52 Abs. 2 Satz 1 Nr. 10 AO werden wissenschaftliche und gesellschaftspolitische Entwicklungen berücksichtigt. So wird das Wort „rassisch" durch „rassistisch" ersetzt und die Förderung der Allgemeinheit um die Förderung der Hilfe für Menschen, die aufgrund ihrer geschlechtlichen Identität oder ihrer geschlechtlichen Orientierung diskriminiert werden, ergänzt. Die bisher als gemeinnützig anerkannten steuerbegünstigten gemeinnützigen Zwecke der Förderung der Heimatpflege und Heimatkunde werden um den Zweck der Förderung der Ortsverschönerung erweitert (§ 52 Abs. 2 Satz 1 Nr. 22 AO), unter dem Maßnahmen für die Verbesserung der örtlichen Lebensqualität gebündelt werden. In § 52 Absatz 2 Satz 2 Nr. 23 AO ist die Förderung des Freifunks aufgenommen worden. Hierunter werden nichtkommerzielle Initiativen eingeordnet, die sich der Förderung der lokalen Kommunikation sowie der technischen Bildung, dem Aufbau und Betrieb eines lokalen freien Funknetzes widmen. Abschließend erhält der Zweckkatalog in § 52 Absatz 2 Satz 2 Nr. 26 AO als Förderung der Allgemeinheit die Förderung der Unterhaltung und Pflege von Friedhöfen und die Förderung der Unterhaltung von Gedenkstätten für nichtbestattungspflichtige Kinder und Föten. Danach kann auch eine private Organisation die Friedhofsverwaltung als Förderung der Allgemeinheit nach § 52 AO einordnen.

Körperschaften mit jährlichen Einnahmen von nicht mehr als 45.000 € sind von der Pflicht zur zeitnahen Mittelverwendung ausgenommen (§ 55 Abs. 1 Nr. 5 AO). Dies stellt einen tatsächlichen Abbau bestehender Bürokratie dar. Kleine Körperschaften müssen zukünftig keine steuerliche Mittelverwendungsrechnung erstellen. Dem bloßen Wortlaut nach stellt das Gesetz auf Brutto-Gesamt-Einnahmen ab. Zutreffender sollten bei der Berechnung dieser Einnahmengrenze nur zeitnah zu verwendende Mittel berücksichtigt werden. Nicht einfließen sollten danach Mittel, die bereits dem Grunde nach von der Verpflichtung zur zeitnahen Mittelverwendung ausgenommen sind wie die Zuwendungen nach § 62 Abs. 3 AO. Weiterhin bedarf der Begriff „jährlich" einer Auslegung i. S. d. Intention des Gesetzgebers. Dies ist insbesondere für die Körperschaften von Bedeutung, deren „jährliche Einnahmen" um die Freigrenze von 45.000 € schwanken oder die Grenze nur in einzelnen Jahren überschreiten. Es bleibt abzuwarten, ob und inwieweit die Finanzverwaltung eine Auslegung von „jährlichen Einnahmen" auch i. S. eines echten Bürokratieabbaus vornehmen wird.

Die Bagatelleinnahmengrenze des § 64 Abs. 3 AO, bis zu der die Besteuerungsgrundlagen von wirtschaftlichen Geschäftsbetrieben, die keine Zweckbetriebe sind, nicht der Körperschaft- und Gewerbesteuer unterliegen, ist von 35.000 € auf 45.000 € angehoben worden. Auch dieses wurde lange angekündigt und dürfte kleinere steuerbegünstigte Körperschaften wie z. B. Sportvereine in der Steuerdeklaration ab 2020 deutlich entlasten.

Fazit – Erweiterung des Gebots der Unmittelbarkeit

Die Neuregelungen der § 57 Abs. 3 und Abs. 4 AO führen zu einer erheblichen Flexibilisierung und Ausweitung der Kooperationsmöglichkeiten zwischen steuerbegünstigten Körperschaften. Der Leitgedanke der Vorschriften ist von einer wirtschaftlichen Betrachtungsweise geprägt und rückt so das Ergebnis der Kooperation in den Vordergrund. Gemeinnützigkeitsrechtlich soll es demnach nicht mehr ausschließlich auf den Beitrag der einzelnen Körperschaft ankommen, sondern darauf, ob damit insgesamt steuerbegünstigte Zwecke verwirklicht werden. Diese Gesamtbetrachtung führt dann für alle beteiligten steuerbegünstigten Körperschaften zu einer unmittelbaren Zweckverwirklichung. § 57 Abs. 3 AO regelt diesen Grundsatz für das arbeitsteilige Zusammenwirken von steuerbegünstigten Körperschaften und ermöglicht damit auch bislang gewerblichen Servicegesellschaften den Übergang in die Gemeinnützigkeit, soweit deren Leistungen für steuerbegünstigte Zwecke eingesetzt werden. Außerdem werden zahlreiche steuerpflichtige wirtschaftliche Geschäftsbetriebe und Tätigkeiten im Rahmen der Vermögensverwaltung in Zweckbetriebe umzuqualifizieren sein. Verdeckte Gewinnausschüttungen und die Diskussion um fremdübliche Verrechnungspreise verlieren in der Praxis steuerlicher Außenprüfungen dadurch deutlich an Brisanz. Die für die Anwendung des § 57 Abs. 3 AO erforderlichen Satzungsanpassungen sollten von den begünstigten Körperschaften somit möglichst zeitnah vorgenommen werden. § 57 Abs. 4 AO schlägt in eine ähnliche Kerbe, indem auch Holdingkörperschaften – allein durch das Halten von Beteiligungen an steuerbegünstigten Kapitalgesellschaften – eine unmittelbare Zweckverwirklichung zugesprochen wird. Auswirkungen ergeben sich hier insbesondere für die gemeinnützigkeitsrechtliche Mittelverwendung, da Beteiligungen an steuerbegünstigten Gesellschaften nunmehr einem Zweckbetrieb bzw. der ideellen Sphäre zuzuordnen sind. Das Zusammenspiel von § 57 Abs. 3 und Abs. 4 AO führt dazu, dass steuerbegünstigte Körperschaften Kooperationen künftig wesentlich effizienter ausgestalten und die wertbildenden Effekte einer Arbeitsteilung ohne zusätzliche Ertragsteuerbelastung nutzen können. Unsicherheiten bestehen derzeit noch zum Umfang des Anwendungsbereichs etwa hinsichtlich der begünstigten Leistungen i. S. d. § 57 Abs. 3 AO sowie zur konkreten Ausgestaltung der Satzung. Wünschenswert wäre in diesem Zusammenhang eine Billigkeitsregelung zum zeitlichen Übergang in die Gemeinnützigkeit für bislang gewerbliche Körperschaften. Ebenfalls hilfreich wäre in Bezug auf die Regelung des § 57 Abs. 4 AO eine Klarstellung, dass das Halten von Beteiligungen an gewerblichen Gesellschaften unschädlich ist. Es bleibt zu hoffen, dass die Finanzverwaltung hierzu zeitnah Stellung bezieht.

Fazit – Einheitliche Regelungen zur Mittelweitergabe und Vertrauensschutz

Im Rahmen der gesetzlichen Änderungen zu den §§ 58 Nr. 1, 58a und 60a Abs. 6 AO standen die Ziele von mehr Rechtsklarheit bzw. Rechtssicherheit und auch insbesondere zur Erleichterung des Vollzugs des Steuerrechts für steuerbegünstigte Körperschaften und die Finanzverwaltung im Vordergrund.

In weiten Teilen ist es dem Gesetzgeber gelungen, die vorbezeichneten Ziele zu erreichen, wenngleich an einigen Stellen weiterhin mit unbestimmten Rechtsbegriffen gearbeitet wird. Von daher werden erst durch eine finanzgerichtliche Überprüfung und Auslegung der einzelnen Tatbestände die übergeordneten gesetzgeberischen Ziele erreicht.

Besonders günstig wirken sich die Änderungen im Rahmen der Neuregelung zu § 58 Nr. 1 AO für steuerbegünstigte Körperschaften aus. Die noch zur alten Rechtslage des § 58 Nr. 1 und Nr. 2 AO a. F. bestandenen Abgrenzungsschwierigkeiten mit Blick auf die zuwendungsfähigen Mittel, die satzungsmäßig sog. Zweckidentität zwischen der zuwendenden und der empfangenden Körperschaft und der Mittelzuwendung der Höhe nach, gehören nunmehr der Vergangenheit an.

Die Vereinheitlichung des Mittelzuwendungstatbestands in § 58 Nr. 1 AO n. F. hat auch eine erstmalige zu einer gesetzlichen Bezeichnung der zuwendungsfähigen Mittel geführt. Danach gehören gem. § 58 Nr. 1 Satz 2 AO n. F. sämtliche Vermögenswerte einer steuerbegünstigten Körperschaft zu den Mitteln, die im Rahmen von § 58 Nr. 1 AO n. F. an andere steuerbegünstigte Körperschaften oder Körperschaften des öffentlichen Rechts zur Verwendung für steuerbegünstigte Zwecke weitergeleitet werden dürfen. Zudem ist weder eine Begrenzung der Höhe nach vorgesehen noch eine steuerbegünstigte Zweckidentität in den Satzungen der Geber- und Empfängerkörperschaft erforderlich. Letztlich wurde auch das noch vor der Reform existierende zwingende Erfordernis einer satzungsmäßigen Regelung der sog. Förderklausel auf der Ebene der mittelzuwendenden Körperschaft eingegrenzt. Nach § 58 Nr. 1 Satz 4 AO wird eine Mittelweiterleitung nur noch dann satzungsmäßig verankert werden müssen, wenn dies die einzige Art der Zweckverwirklichung ist. Mithin müssen in Satzungen steuerbegünstigter Körperschaften, die auch steuerbegünstigte Zwecke operativ fördern (hybride Körperschaften), aus steuerlicher Sicht zukünftig keine Regelungen zur Mittweitergabe enthalten sein. Dabei sollten außersteuerliche Rechtsgebiete wie z. B. das Vereins- oder Stiftungsrecht gesondert überprüft werden.

Ergänzend ist mit Blick auf die Neuregelung des § 58 Nr. 1 AO allerdings nunmehr gesetzlich klargestellt, dass es sich bei dieser Vorschrift nicht um einen eigenständigen steuerbegünstigten Zweck handelt. Dieser noch zur Altregelung in der Literatur vertretenen Rechtsauffassung hat der Gesetzgeber nunmehr im Rahmen von § 58 Nr. 1 Satz 4 AO n. F. und dem dortigen Wortlaut „Art der Zweckverwirklichung" eine klare Absage erteilt.

Zur Schaffung von mehr Rechtsklarheit und Rechtssicherheit wurde zudem erstmalig ein gesetzlicher Vertrauenstatbestand in § 58a AO entwickelt. Mittels dieser Neuregelung können Mittelzuwendungskörperschaften durch die Einholung entsprechender Nachweise von der Empfängerkörperschaft (Freistellungsbescheid, Anlage zum KSt-Bescheid, § 60a-Bescheid) den Vertrauensschutz genießen. Sollte im Nachhinein die Gemeinnützigkeit der Empfängerkörperschaft aberkannt oder zugewendeten Mittel fehlerhaft verwendet worden sein, wird dieses Fehlverhalten nicht auf die Mittelzuwendungskörperschaft durchschlagen. Allerdings vermittelt § 58a AO n. F. keinen pauschalen Vertrauensschutz. Unter den in § 58a Abs. 3 AO n. F. bestimmten Sonderfällen erkennt der Gesetzgeber kein schutzwürdiges Vertrauen und lässt einen gemeinnützigkeitsrechtlichen Haftungsdurchgriff zu. Die gesetzliche Neuerung in § 60a Abs. 6 AO legalisiert das bisherige Verhalten der Finanzverwaltung, im Rahmen der formellen Satzungsprüfung auch gleich Erkenntnisse über die tatsächliche Geschäftsführung einfließen zu lassen.

Fazit – Erweiterung des Katalogs der Zweckbetriebe und Ausblick

Die Erweiterung des **Zweckbetriebskatalogs in § 68 AO** dient im Wesentlichen der administrativen Vereinfachung. Sowohl die Leistungen im Bereich der Flüchtlingshilfe (§ 68 Nr. 1 Buchst. c AO) als auch der Fürsorge bei psychischen und seelischen Erkrankungen (§ 68 Nr. 4 AO) wurden bislang regelmäßig als Zweckbetriebe der Wohlfahrtspflege i. S. d. § 66 AO eingestuft. Durch die Aufnahme in § 68 AO werden die Einrichtungsträger grundsätzlich von der Verpflichtung befreit, Nachweise über die Hilfsbedürftigkeit der Leistungsempfänger zu führen.

Bemerkenswert ist, dass der Gesetzgeber für die Flüchtlingshilfe explizit auf das Gewinnverbot des § 66 Abs. 2 AO verweist und so dafür sorgt, dass die Zweckbetriebseigenschaft im Falle eines unzulässigen Erwerbsstrebens von der Finanzverwaltung jederzeit aberkannt werden kann.

Die im Gesetzesentwurf des Bundesrates vorgesehene Reformierung der **Ausstiegsbesteuerung** des § 61 Abs. 3 AO, die den Fall der Aufgabe bzw. des Verlustes der Gemeinnützigkeit regelt, wurde letztlich vom Gesetzgeber nicht in das Jahressteuergesetz 2020 übernommen. Vorgesehen war eine einmalige Abgabe i. H. von 30 % des Vermögens der Körperschaft zum Ausstiegszeitpunkt. Mit dieser Einmalzahlung sollten die Steuervorteile, die die Körperschaft durch den Gemeinnützigkeitsstatus erlangt hatte, pauschal abgegolten werden.

Die Neuregelung hätte im Vergleich zur geltenden zehnjährigen Rückversteuerung eine maßgebliche administrative Erleichterung und zugleich mehr Planungssicherheit für die Unternehmen und die Finanzverwaltung gleichermaßen zur Folge gehabt. Am Ende scheiterte das Vorhaben jedoch dem Vernehmen nach an der Kritik insbesondere der Wohlfahrtsverbände, die den vereinfachten Ausstieg aus der Gemeinnützigkeit als Gefährdung für die gemeinnützigkeitsrechtliche Vermögensbindung und damit für das Ansehen des Sektors insgesamt betrachteten.

In der **Umsatzsteuer** hielt das Jahressteuergesetz 2020 für Einrichtungen des Gesundheits- und Sozialwesens nur vergleichsweise geringfügige Änderungen bereit. So wurden einige Konkretisierungen und Erweiterungen bei den Steuerbefreiungen des § 4 UStG vorgenommen, die inhaltlich durchweg zu begrüßen sind und die Rechtssicherheit in diesem Bereich erhöhen.

Wesentlich bedeutsamer dürften hingegen die mittelbaren umsatzsteuerlichen Auswirkungen der Neufassung des § 57 AO zu bewerten sein. Durch die Ausweitung der zweckbetrieblichen Betrachtung auf alle Leistungen des planmäßigen Zusammenwirkens kommt es unweigerlich zu umsatzsteuerlichen Reflexen, insbesondere bei Fragen

XIV. Fazit und Ausblick

zur Anwendung des ermäßigten Steuersatzes nach § 12 Abs. 2 Nr. 8 Buchst. a UStG. Es bleibt zu hoffen, dass das Bundesfinanzministerium die vielfältigen gemeinnützigkeits- und umsatzsteuerrechtlichen Fragestellungen im Rahmen zu erwartender Anwendungsregelungen referatsübergreifend behandelt und mit Blick auf die als komplex anzusehenden Regelungen der MwStSystRL, wann für derartige Leistungen neben der Umsatzsteuerbefreiung ggf. der ermäßigte Steuersatz[1] zu gewähren ist, mit Augenmaß trifft.

---

[1] Hüttemann in Weitemeyer/Schauhoff/Achatz, Umsatzsteuerrecht für den Nonprofitsektor, Kap. 3 Rz. 3.65.

STICHWORTVERZEICHNIS

Die Ziffern verweisen auf die Seiten.

A

Aufteilungsschlüssel 44
Ausschließlichkeitsgebot 49
Ausstiegsabgabe 105 f.
Ausstiegsbesteuerung 103 ff., 113

B

Besteuerungsgrenze 89
Beteiligungsstruktur 32
Betrieb gewerblicher Art 57 f.
Betriebsaufspaltung 22, 23 ff., 54 f., 63 f.
Buchwert/Buchwertfortführung 51 f., 55

D

Digitalisierung 109

E

Ehrenamtspauschale 107
Ermäßigter Steuersatz 100 ff.

F

Fahrlässigkeit 81 f.
Feststellung der Pflegebedürftigkeit 95
Feststellungsverfahren 84
Flüchtlingshilfe 89 ff., 113
Förderklausel 65 ff., 112
Förderkörperschaft 65

Freifunk 11 f., 109
Freigrenze 88
Freistellungsbescheid 80
Friedhöfe 13
Friedhofskultur 13
Funktionsleistungen 21 f., 33 f., 37 ff., 52 f.

G

GbR 3, 55 ff.
Gedenkstätte 13, 110
Geschlechtliche Identität 9 f., 14, 109
Geschlechtliche Orientierung 9 f., 14, 109
Gewerbliche Servicegesellschaften 40, 47, 49, 51
Gewinnausschüttung 104
Gewinnausschüttungsverbot 50
Gewinnverbot in der Wohlfahrtspflege 90
Gewinnzuschläge/Gewinnaufschlag 4 f., 23, 52
Grundsteuerbefreiung 105
Gruppenbesteuerung 98

H

Haftungsprivileg 107
Hausnotruf 95
Hilfsperson 26 ff., 34 f.
Holding 2, 27 f., 64

J

Juristische Person des öffentlichen Rechts 57 f.

K

Kindertageseinrichtung 95 f.
Klimaschutz 7 f., 14, 109
Kooperationen 2 f., 28 ff.
Kostenaufschlagsmethode 4 f., 23
Kostenteilungsgemeinschaft 98

L

Laboruntersuchungen 98

M

Menüservice 96
Merkmalsübertragung 44, 58
Missbrauchsfälle 87
Mittelbeschaffung 65
Mittelempfänger 71
Mittelfehlverwendung 46, 50, 104
Mitteltransfer 74
Mittelverwendung 45 ff., 55, 62
– zeitnahe 15 f., 110
Mittelverwendungsrechnung 15, 20
Mittelweiterleitung / Mittelweitergabe 39, 67, 111
Mittelzuwendungsvereinbarung 66

N

Nachweis 80
Notfallpraxen 94
Notfallrettung 94

O

Ortsverschönerung 10 f., 14, 109

P

Personalgestellung 3
Pflegeberatung 95
Pflegekurse 95
Planmäßiges Zusammenwirken 30, 31 f., 34 ff., 96
Psychische und seelische Erkrankungen 92

R

Rassistische Gründe 8 f., 109
Rassistische Benachteiligung 9
Rettungsdienst 23
Röntgenuntersuchung 98

S

Sanitätsdienst 94
Satzung 35 f., 38, 41
Satzungsanpassung / Satzungsänderung 40 f., 47
Satzungsvoraussetzungen 35 ff.
Satzungszwecke 37 ff.
Spendenabzug 105
Sphärenwechsel 21, 46 f., 55
Sphärenzuordnung 42, 46, 61 ff.
Steuerbegünstigte Kooperationen 96 ff.
Steuerpflichtiger wirtschaftlicher Geschäftsbetrieb 42 f.

U

Überführung in die Gemeinnützigkeit 47 ff., 51 f.

Übungsleiterfreibetrag 107
Umsatzsteuerliche Organschaft 97
Unmittelbare Zweckverwirklichung 17, 19
Unmittelbarkeitsgrundsatz 17 ff., 30
Unterhaltung von Friedhöfen 13

V

Verdeckte Gewinnausschüttung 4, 23, 52, 53, 111
Vereinfachter Zuwendungsnachweis 107
Verlustvorträge 50 f.
Vermögensbindung 104
Vermögensverwaltung 44 f.
Vermögenswerte 69, 74, 112
Verpflegungsdienstleistung 95 f.
Verrechnungspreise 52 f.

Vertrauensschutz / Vertrauensschutztatbestand 78 ff.

W

Wirtschaftliche Betrachtungsweise 29, 33, 59, 110
Wirtschaftlicher Geschäftsbetrieb 88
Wohlfahrtspflegerische Gesamtsphäre 90

Z

Zeitnahe Mittelverwendung 15 f., 110
Zuwendung 67
Zuwendungsbescheinigung 107
Zuwendungsempfängerregister 107
Zuwendungsgeber 67
Zweckidentität 31, 37, 73 f., 111